Johann Wussin

Jonas Suyderhoef

Verzeichnis seiner Kupferstiche

Johann Wussin

Jonas Suyderhoef
Verzeichnis seiner Kupferstiche

ISBN/EAN: 9783743369405

Hergestellt in Europa, USA, Kanada, Australien, Japan

Cover: Foto ©Andreas Hilbeck / pixelio.de

Manufactured and distributed by brebook publishing software (www.brebook.com)

Johann Wussin

Jonas Suyderhoef

JONAS SUYDERHOEF.

VERZEICHNISS SEINER KUPFERSTICHE

BESCHRIEBEN VON

JOHANN WUSSIN,
J. CUSTOS D. K. K. UNIVERSITÄTSBIBLIOTHEK IN WIEN.

LEIPZIG,
VERLAG VON RUDOLPH WEIGEL.
1861.

Vorwort.

Angeregt durch die von Seite eines Freundes vor mehreren Jahren gesprächsweise an mich gerichtete Aufforderung, einen Meister, der es wohl verdiente, zu Nutz und Frommen der Sammler gründlich zu bearbeiten, zog ich diese Worte ernstlich in Erwägung. Von jeher mit Bewunderung für die Werke *Suyderhoef's* erfüllt, fiel meine Wahl auf diesen grossen Meister. Als Vorarbeit fand ich nur in *Nagler's* Künstlerlexicon ein Verzeichniss seiner Blätter, doch ist dasselbe dem Zwecke seines grossen und vortrefflichen Werkes entsprechend mehr andeutend, als auf die Gegenstände tiefer eingehend gehalten, und ich fasste somit den Entschluss, es zu vervollständigen und wo nöthig zu berichtigen. Leider hatte ich bei Ausführung meines Vorhabens mit fast unübersteiglichen Hindernissen zu kämpfen, die meine Arbeit trotz alles redlichen Bemühens lückenhaft erscheinen lassen dürften. Meine Verhältnisse erlaubten mir nämlich nur, den Meister in so weit kennen zu lernen, als er in den hiesigen öffentlichen und Privatsammlungen, zu denen ich Zutritt erhielt, vertreten war; ihn auch ausserhalb Wiens aufzusuchen und in dieser Absicht andere berühmte Cabinete des Auslandes zu besehen, wäre, von Anderem abgesehen, schon deshalb unthunlich gewesen, weil es mir an der hiezu nöthigen Zeit gebrach, die mir bei meiner amtlichen Stellung nicht zu Gebote stand.

So, ausschliesslich an Wien angewiesen, und beruhigt durch einen Auswärtigen, der an der Vollständigkeit des Verzeichnisses kaum Zweifel liegt, habe ich *Suyderhoef's* Blättern emsig nachgeforscht, und das gefundene, mir von Seite der kaiserl. Hofbibliothek, dann der Privatbibliothek a. h. Sr. Majestät des Kaisers, so wie jener Sr. kaiserl. Hoheit des Erzherzogs *Albrecht*, dann der Gallerie Sr. Durchlaucht des Fürsten *Paul Esterházy*, und mehrerer Privaten mit grösster Bereitwilligkeit gebotene Material gewissenhaft benützt; dennoch fand ich einige Blätter nicht, welche *Nagler* in seinem Künstlerlexikon aufführt, so wie auch zwei andere, die im Katalog *Verstolk van Soelen* vom Jahre 1851 vorkommen, und eines, das *Charles Le Blanc* in seinem Werke: *Le trésor de la curiosité tiré des catalogues de vente ... A Paris chez J. Renouard.* 1857. 8° unserem Meister zuschreibt, mir nicht zu Gesicht kamen. Die von *Nagler* angegebenen, sonst aber nirgends vorkommenden Blätter, habe ich aus Gründen, die weiter unten entwickelt werden, als zweifelhaft ausgelassen und in mein Verzeichniss nicht aufgenommen. Sie sind folgende:

1. *Claas van Dalen*, bei *Nagler* unter No. 17 mit den Worten *Claas van Dalen*, Chirurg, nach *Zyvelt, Suyderhoef sc.* 8. Dürfte wahrscheinlich eine Verwechslung mit jenem Blatte sein, das *Nagler* selbst in dem Artikel *Adam von Zylvelt* unter No. 13 mit den Worten anführt: *Claas van Daalen Chirurgyn binnen Amsterdam* sitzend im Sessel, vor dem Tische auf welchem ein Skelett liegt. *A. v. Zylvelt ad viv. del et sc. fol.*

2. *Andreas Rivetus.* Von *Nagler* unter No. 65 seines Verzeichnisses mit den Worten erwähnt: *Andreas Rivetus, Prof. S. Theol. in Acad. Ludg. Bat. N. v. Negre pinx. J. Suyderhoef sc. fol.* Dürfte höchst wahrscheinlich jenes Portrait des *A. Rivet* sein, welches *C. van Dalen* stach und das die Umschrift hat *Andreas Rivetus Sammaxentinus æt. 70* 1642 daneben links: *Excudebat C Dankertz* rechts: *et I Laurcyck* unten Verse, welche mit dem Worte *Gallia* beginnen, darunter rechts: *C. Van Dalen fculpsit.*

3. *G. Suerendonck.* Unter No. 80 von *Nagler* mit den Worten aufgeführt: *G. Suerendonck. M. Mirevelt pinx. J. Suyderhoef sculp.* 1643. *Michiel Segerman excud. fol.* Wurde aus dem Grunde übergangen, weil alle angeführten Merkmale zu genau mit dem Portrait des *Gillis de Glarges* übereinstimmen, als dass eine Verwechslung mit diesem Blatte nicht anzunehmen sein sollte.

4. Bildniss einer Negerin nach *G. Flink.* 4°, das bei *Nagler* unter No. 92 vorkommt, und vermuthlich jenes Blatt von *C. van Dalen* ist, das eine Negerin in 4' in Vorderansicht darstellt, mit einem Reigerbusche auf dem Kopfe gegen rechts gewendet, mit einem Reigerbusche auf dem Kopfe, und Perlen um den Hals und in den Ohren. Im Unterrande die Worte links: *G. Flinck Pinxit* in der Mitte: *Cornelis van Dalen Junior fculpfit* rechts: *A. Blotelingh exc:*

Was endlich das obenerwähnte, von *Le Blanc* citirte Blatt anbelangt, so kommt es im ersten Theile Seite 259 unter dem

Schlagworte *Suyderhoef* mit folgenden Worten vor: *L'Enlèvement d'Hippodamie, avant et avec la lettre; superbes épreuves.* 205 liv. Eine eingehende Beschreibung fehlt, und es dürfte damit wohl jenes Blatt gemeint sein, welches *Peter Baillin* nach *Rubens* stach, das denselben Gegenstand behandelt und in dem Werke *Catalogue des estampes gravées d'après Rubens . . . Par R. Hecquet, Graveur. A Paris, chez Briasson* 1751. 12° in der Abtheilung *sujets de la fable* unter No. 15 vorkömmt. Es wird mit den Worten beschrieben: *L'Enlèvement d'Hippodamie, ou Combat des Lapithes. Il y a huit vers: Duxerat Hyppodamen . . . erat urbis imago. Ovid. Met. L.* 12 *P. de Baillin Sculp. Nic. Lauwers Ex. C. P.* 16 p. 2 l. de l. sur 13 p. 2 l. de h. B. Die Stichweise stimmt mit *Suyderhoef's* Manier nicht überein. Ich fand mich deshalb bewogen, jenes Blatt in mein Verzeichniss nicht aufzunehmen, weil es mir höchst unwahrscheinlich vorkam, dass ein Blatt *Suyderhoef's* von so hohem Werthe ausser *Le Blanc* allen andern Sammlern unbekannt geblieben sein sollte, und daher eher eine Verwechslung als das wirkliche Bestehen des von *Le Blanc* erwähnten Blattes anzunehmen ist.

Die Portraits des *C. van Aken, P. Laccher* und *J. Vrechemius*, welche im Katalog *Verstolk v. Soelen* vom Jahre 1851 unter den Nummern 1382, 1371 und 1375 vorkommen, so wie jenes des *Zacharias de Mez*, welches *Nagler* unter No. 53 seines Verzeichnisses mit den Worten aufführt: *Zacharias de Mez, Suyderhoef sc.* 8°, wurden, gestützt auf diese Quellen, in das Verzeichniss aufgenommen. *Frederik Müller* hält es eher für *C. Visscher.*

Was die Beschreibung der Blätter betrifft, so wollte ich, da ich zunächst für den Sammler schreibe, und wohl weiss, worauf es diesem hauptsächlich ankommt, vor allem eine möglichst getreue Darstellung des Gegenstandes mit Worten geben, um denselben so bestimmt zu bezeichnen, dass man das Blatt in jedem Falle zu erkennen, und von einem andern ähnlichen mit Verlässlichkeit zu unterscheiden im Stande sei, selbst dann, wenn es ein Abdruck vor der Schrift wäre, oder unliebsamer Weise die Schrift fehlen sollte. Der letzteren habe ich namentlich besondere Aufmerksamkeit gewidmet, und den Umstand, ob sie Majuskel oder Minuskel, Lapidar oder Cursiv, stehend oder liegend ist, gewissenhaft beachtet. Die Interpunction und Orthographie sind nicht minder sorgfältig wiedergegeben, auch die Abtheilung der Zeilen ersichtlich gemacht, und zwar gilt der senkrechte Strich | als Trennungszeichen. Besondere Rücksicht habe ich auf den interessantesten Theil, nämlich auf die Ermittelung und Bestimmung der Zustände *(états)* genommen, leider aber darf ich mir nicht verhehlen, und es ist unter den angegebenen Umständen auch begreiflich, dass gerade in dieser Beziehung noch mehreres nachzuholen sein dürfte. Zur Bestimmung der Dimensionen gebrauchte ich den alten französischen Zoll und Linien, und folgte hierin dem Verfasser des *Peintre-graveur*. Wo der Plattenrand fehlte, und dies war fast die Regel, nahm ich das Maass nach der vorhandenen Grösse, bezeichnete aber diesen Umstand durch Beisetzung eines Sternchens*. In Betreff der Ordnung der Blätter weiche ich von *Nayler's* Verzeichniss in etwas ab. Voraus schicke ich, als den Hauptbestandtheil des Werkes, die Portraits, und reihe sie alphabetisch nach den Zunamen, und die Regenten und Personen aus regierenden und fürstlichen Häusern nach ihren Vornamen. Hierauf folgen die zwei grossen historischen Blätter: „die vier Bürgermeister von Amsterdam" und „der Friedensschluss zu Münster", dann kommt das alte und neue Testament, die Mythe und Allegorie, das Genre, und zum Schlusse das Blatt: „der Gebirgsweg," das man auch zur Landschaft rechnen kann.

Wo ich besondere Preise ermitteln konnte, die zu verschiedenen, besonders älteren Zeiten bei Versteigerung berühmter Sammlungen erzielt wurden, habe ich nicht unterlassen, dieselben anzuführen. In der Rubrik Anmerkungen kommen solche Notizen vor, welche zur näheren Bestimmung der Blätter wohl gehören, aber wegen ihres grösseren Umfanges in die Beschreibung selbst füglich nicht aufgenommen werden konnten. Was endlich die am Schlusse befindliche, den Münsterischen Friedensschluss betreffende Nachricht anbelangt, so konnte ich der Versuchung nicht widerstehen, diesen Auszug aus dem grossen Quellenwerke *Theatrum Europaeum* in ungeschmälerter Ausführlichkeit wiederzugeben, theils weil er mir zur Rechtfertigung dient, dass ich der Angabe einer so grossen Autorität, wie sie *Adam von Bartsch* ungezweifelt ist, zu widersprechen wagte, theils auch desshalb, weil sie darthut, wie gewissenhaft Terburg beim Entwerfen seines berühmten Gemäldes zu Werke ging, und welchen Werth demnach dasselbe auch vom historischen Standpunkte aus hat, und weil ich es überhaupt nicht für überflüssig halte, dass durch das Lesen dieser Relation das Andenken an einen der wichtigsten Abschnitte der neueren Geschichte aufgefrischt werde.

Indem ich dieses Vorwort schliesse, sei es mir gestattet, allen jenen Männern, die mich theils in ihrer amtlichen Stellung, theils als Freunde mit Rath und That so bereitwillig und unverdrossen unterstützten, hiemit meinen innigen und wohlverdienten Dank zu sagen.

Einleitung.

Suyderhoef theilt mit so manchem ausgezeichneten Künstler das unverdiente Loos, dass über seine Lebensverhältnisse und über den Gang seiner Ausbildung so viel wie gar nichts bekannt ist. Er fand ungeachtet der Menge und Trefflichkeit seiner Blätter Niemanden, der uns Nachrichten über ihn hinterlassen hätte. Gewöhnlich wird die Stadt *Leyden* als der Ort, und das Jahr 1600 als die Zeit seiner Geburt angegeben, doch fehlen hiezu die Belege. Sein Todesjahr und der Ort, wo er gestorben ist, sind gleichfalls unbekannt und werden nicht einmal gerüchtweise angegeben. Nur so viel steht fest, dass er um die Mitte des XVII. Jahrhunderts in Holland lebte, und im Jahre 1669 noch thätig war. Wann er gelebt hat, lässt sich nur annähernd aus den Daten bestimmen, die auf einigen seiner Blätter vorkommen.

Das älteste datirte Blatt ist das Portrait des *Polyander van den Kerkhove* vom Jahre 1641, das jüngste jenes des *Augustin Bloemaert* vom Jahre 1669. Die 28 Jahre von 1641 bis 1669 sind somit der beglaubigte Zeitraum, in den seine künstlerische Thätigkeit fällt. Es kommen auf seinen Blättern wohl noch frühere Jahreszahlen vor, nämlich die Jahre 1598 auf dem Bildniss des *Julius Beyma*, 1616 auf dem Portrait des *Voets*, 1621 auf jenem des *Hendrick de Keyser*, 1631 auf denen der *Nuyt's*, und 1638 auf dem des *Edo Neuhus*; allein abgesehen davon, dass die Jahreszahl 1616 auf dem Bildnisse des *Voets* ein offenbarer Fehler des späteren Verlegers ist, und eigentlich 1676 sein sollte, beziehen sich alle diese Jahreszahlen bloss auf das Todesjahr der dargestellten Personen, und müssen nicht auch zugleich die Jahre bezeichnen, in denen die Platten gestochen wurden.

Die jüngsten Jahreszahlen, die auch den letzteren Zeitpunkt nachweisen, sind die Jahre 1668, in dem das Portrait des *Noah Smaltius* und 1669, in welchem jenes des *Augustin Bloemaert* gestochen wurde. Berücksichtigt man nun den Umstand, dass *Suyderhoef* eines seiner Hauptblätter, den „Sturz der gefallenen Engel," das schon den vollendeten Meister erkennen lässt, erwiesenermaassen im Jahre 1642 gearbeitet hat, und will man annehmen, dass er dieses Meisterwerk in seinem 25. Jahre geschaffen habe, so wird man auf das Jahr 1617, als auf das beiläufige Jahr seiner Geburt geführt, doch wird man nicht sehr irren, wenn man höher hinaufgreift, und ihn um das erste Jahrzehend des XVII. Jahrhunderts herum geboren werden lässt, wornach die gewöhnliche Angabe, er sei um 1600 geboren worden, nicht so ganz grundlos erscheint.

Nimmt man nun das Jahr 1610 als sein Geburtsjahr, und das Jahr 1669 das jüngste Datum seiner Blätter als jenes an, in dem er gestorben ist, so giebt das ein Alter von 59 Jahren.

Nach der gewöhnlichen Annahme ist er wie sein grosser Zeitgenosse C. Visscher aus der *Soutman'schen* Stecherschule hervorgegangen. Er stach historische, Genrebilder und Portraits mit gleicher Meisterschaft, und namentlich letztere mit besonderer Vorliebe, wenn bei seinen Verhältnissen überhaupt von einer solchen die Rede sein darf, und dieser Umstand nicht vielmehr auf Rechnung der Verleger seiner Werke zu setzen ist. *Suyderhoef* arbeitete mit der Radirnadel das Meiste vor, und bediente sich des Stichels nur zur Vollendung der Platte. Nach *Nagler's* Künstlerlexikon Band XVIII Seite 20 sah er mehr auf malerische Wirkung als auf Regelmässigkeit der Linien, so dass man in seinen Blättern nur selten jene Feinheit und Zierlichkeit der Arbeit findet, welche der Grabstichel anderer Meister gewährt. Er deutete die Farbe, die pastose Behandlung an, und bewirkte selbst beim zügellosen Schwunge ein wohlgefälliges Ganze. *Adam Bartsch* in seiner Anleitung zur Kupferstichkunde Theil I Seite 181 rechnet ihn zu den Künstlern der ersten Stichgattung (mit dem Grabstichel) und sagt von ihm, er habe in einer ihm allein eigenen Manier Kupferstiche geliefert, worin man eine kräftige Farbe und schöne Wirkung bewundert. Wenn man darin auch nicht Lieblichkeit und Reinheit des Grabstichels findet, so entschädigt sie dafür eine Wärme, Wahrheit und ein Ausdruck, welche nichts zu wünschen übrig lassen.

Diese ehrenden Urtheile zweier so berufener Kenner wird gewiss ein Jeder unbedenklich unterschreiben, der den Meister studirt und seine Blätter in guten Abdrücken früher Stände zu sehen Gelegenheit hatte. Der Glanz reiner Grabstichelarbeiten geht ihnen, wie gesagt, ab, dagegen ist über viele derselben eine Weichheit ausgegossen, die fast an geschabte Blätter gemahnt, und das Auge so weit zu täuschen vermag, dass man eine kühn ausgeführte Kreidezeichnung vor sich zu haben glaubt, wodurch eine Gesammtwirkung entsteht, die den Beschauer die Regelmässigkeit kühner und kräftiger Striche des Grabstichels leicht und gerne vergessen lässt. Allerdings verschwindet diese malerische Wirkung in den späteren Zuständen der Platten rasch, weil sie eben nur durch jene Strichlagen erzielt wird, welche keine grosse Anzahl von Abdrücken vertragen, so dass an die Stelle der früheren Kraft und Weichheit durch das Schwinden der Nadelarbeit bald eine desto unangenehmere Disharmonie tritt; um desto mehr werden aber auch seine Blätter in Abdrücken der frühen Stände, die von jeher eifrig gesammelt wurden, gesucht, und oft theuer bezahlt, wie davon im Verlaufe der Beschreibung mehrere Fälle namhaft gemacht werden.

Er stach nach verschiedenen Meistern, und die Nummern seiner Blätter vertheilen sich nach denselben folgendermaassen:

Aart van Leyden, 1.
Michel Angelo Amerigi (Caravaggio), 107.
David Bailly, 49.
D. Baudrighen, 24. 45.
V. Bergh (?), 60.
Nicolaus Berghem, 130.
Peter Du-Bordieu, 14. 22. 32. 72. 83.
Anton van Dyck, 16. 36. 42. 57.
Cornelius Eversdyck, 55.
Wilhelm Eversdyck, 73.
Albert Freyse, 101 b.
Wybrand van Geest, 37.
Franz Hals, 2. 6. 18. 23. 71. 77. 79. 80. 86. 88. 91. 117.
Gerhard Honthorst, 5. 7. 28. 96. 99.
Theodor de Keyser, 46. 102.
Peter van Laar, 110.
Lucas van Leyden, 53.
Jan Livens, 78.
Franz Lucx van Lucxenstein, 66.
Carl van Mander, 8.
Merck, 35.
Anton Moro, 64.
Michiel Jansz Miereveldt, 29.
Johann Mytens, 89.
Nicolaus van Negre, 51. 74.
Adrian van Ostade, 116. 118. 119. 120. 121. 123. 124. 125. 126. 127. 128.
J. Tho. Pas (?), 82.
Johann Caspar Pfeffer, 19.
Hendrick Gerrits Pot., 90.
Rembrandt, 84. 85.
P. P. Rubens, 4. 44. 54. 104. 105. 106. 108. 109. 129.
Joachim Sandrart, 111. 112. 113. 114. 115.
Dirk van Santvoort, 67.
Joris van Schooten, 38.
P. Soutman, 3. 17. 26. 27. 41. 43. 52. 58. 63. 65. 70. 81. 98. 101.
Gerart Terburg, 103. 122.
Tizian, 15.
Jan Verspronck, 12.

A. Ver Veer, 94.
Hendrik van der Vliet, 10. 76.
Jan de Vos, 9. 20. 34.

Ohne Angabe des Malers oder Zeichners sind folgende Nummern: 11. 13. 21. 25. 30. 31. 33. 39. 40. 47. 48. 50. 56 *(?)*. 59. 61. 62. 68. 69. 75. 87. 93. 94 *(?)*. 95. 97 *(?)*. 100, welche somit wahrscheinlich nach seiner eigenen Zeichnung sind, da er ein perfecter Zeichner war.

Sonstige Besonderheiten bietet das Werk dieses Meisters nicht, und es sei hier nur noch bemerkt, dass er seine Blätter gewöhnlich mit seinem vollen Namen bezeichnet, und zwar in folgender Schreibweise: *I. Suiderhoef, J. Suider-hoef, I. Suyderhoef, I. Suyderhoeff, I. Suyderhoff, I. Suyderhouf, I. Syderhoef.* Auf einem der Blätter ist auch der Taufname ausgeschrieben: *Jonas Suyderhoef.* Des Monogrammes J. S. bedient er sich nur selten, und die Namensabkürzung *J. S. Hoef* kömmt nur einmal, und zwar auf dem Portrait des *Jean de la Chambre* (No. 18) vor, was auch Einige veranlasste, aus diesem Namen einen eigenen Meister zu machen.

1. Aart van Leyden.

Brustbild in einem Oval auf dunkelem Hintergrunde gegen rechts gewendet, mit einer flachen Mütze auf dem Kopfe. Der Hals ist bloss, und nur wenig vom Hemde ist sichtbar. Auf dem Obergewande bemerkt man vier Knöpfe. Unter dem Oval auf einem fliegenden Blatte steht die zweizeilige Unterschrift: EFFIGIES CELEBERRIMI PICTORIS ARTI LEIDENSIS | EXPRESSA E TABVLA QVAM SVA OLIM PINXIT MANV. Darunter die Worte: *Ex Musivo Hieronymi de Backere* J C. und noch tiefer unten: *J. Suyderhoef fculp. Goos exc.*

Höhe 5" 3"', Breite 6" 1"'. *

I. Vor dem Namen Suyderhoef's und der Adresse.
II. Mit dem Namen, aber vor der Adresse.
III. Mit der Adresse.

2. Conrad Victor van Aken.

Dieses Portrait nach F. Hals kommt ohne weitere Angabe im Katalog *Verstolk van Soelen* vom Jahre 1851 unter der Nummer 1382 vor, aus Graf Fries Sammlung, vorher *de Graaf's* Sammlung.

3. Albert II.
Deutscher Kaiser.

Oval in einem mit Trophäen verzierten Rahmen. Der Kaiser in Vorderansicht etwas gegen links gewendet. Das Haar ist ein wenig gelockt, der Schnurrbart klein. Er trägt ein Panzerhemd, über welches der Kaisermantel geschlagen ist. Das Haupt ziert eine offene Krone mit zwei einfachen Biegeln. Unten im Postamente steht die Zahl IV. dann folgt die vierzeilige Unterschrift:

ALBERTUS II, ALBERTI I ABNEPOS, RODOLPHI I ADNEP. SIGISMVNDI IMP. | GENER, HVNGARIÆ AC BOHEMIÆ REX, RENVNCIATVR IMPERATOR XIII KAL. | APRIL. CIƆCCCCXXXVIII, HVSSITICAM FACTIONEM OPPRIMIT, TVRCAM | PVGAT, ESV PEPONIS DECEDIT VI KAL. NOVEMBR. CIƆCCCCXXXIX, ÆT. XLIV. Darunter: *P. Soutman Inuenit Effigiauit et Excud. Cum Priuil. J. Suyderhoef Sculp.* 1644.

Höhe 16" 2''', Breite 13" 1'''. *

Ist das 4. Blatt der Folge *Effigies imperatorum domus austriacae*. Siehe Anmerkung 1. a.

I. Vor der Nummer IV.
II. Mit der Nummer IV in der Mitte oberhalb der Unterschrift.

4. Albert.
Erzherzog von Oesterreich.

Oval von Fruchtgehängen umgeben. Der Prinz in Vorderansicht gegen links gewendet, hat kurzes zurückgestrichenes Haar, trägt Schnurr- und spitzen Kinnbart. Den Hals umgiebt eine steife Halskrause, das Gewand, eng anliegend, ist mit Knöpfen besetzt; auf der Brust die Ordenskette des goldenen Vliesses.

Die zweizeilige Unterschrift lautet: *Albertus, Archidux Austriæ, et dux Burgundiæ. &c.* | *Serenissimus et Potentissimus, et Belgarum Princeps optimus.* Darunter links: P. P. *Rubens Pinxit* | P. *Soutman Effigiauit et Excud* rechts: *J. Suyderhoef. Sculpsit* | *Cum Priuil. S. Cae. M.*

Höhe 14" 9''', Breite 9" 11'''

Ist das 12. Blatt der Folge *Ferdinandus II et III*. Siehe Anmerkung 1. b.

I. Vor der Nummer.
II. Mit der Nummer XII.

5. Amalia von Solms.

Brustbild im ovalen, mit Genien und Blumengewinden und oben mit dem Wappen der Grafen von Solms gezierten Rahmen in Vorderansicht gegen rechts gewendet, im offenen Kleide, mit Perlen im Haar, in den Ohren, um den Hals, und am Rande des Kleides unterhalb des reich gestickten Halskragens. Die vier Ecken sind mit Blumen und Kränzen verziert.

Die zweizeilige Unterschrift lautet: AMELIA DE SOLMS PRINC. | AURIACA, etc. Darunter die Zahl 8. Ganz unten am Rande links

G. *Hondthorst Pinxit*, P. *Soutman* Inven. *Effig'avit et Excud. Cum Privil*, rechts I. *Suiderhoef Sculp*,

Höhe 16″ 2‴, Breite 13″ 2‴

Ist das 8. Blatt der Folge *Comites Nassaviae*. Siehe Anmerkung 1. d.

I. Vor der Nummer.
II. Mit der Nummer 8 in der Mitte unterhalb der Unterschrift.

6. Samuel Ampsing.

Brustbild im Predigergewande gegen links gewendet, mit blossem Kopfe, den schütteres und schlichtes Haar deckt, mit Schnurr- und Kinnbart, der auf der Halskrause aufliegt. Mit der rechten Hand hält er ein Buch, in welches er den Zeigefinger gelegt hat, und stützt es auf die Brust. Im Hintergrunde oberhalb des Kopfes findet man das Motto: SURSUM ANIMUS linker Hand die Worte: *œtat*. 40, darunter: *F. Hals pinxit*, und noch tiefer *J. Suyderhoef fculp*. Die Unterschrift im Unterrande lautet: SAMUEL AMPZINGIUS HARLEMENSIS. ECCLESIÆ-PATRIÆ PASTOR. Darunter steht in zwei Abtheilungen ein achtzeiliges Gedicht. Es beginnt mit den Worten: *O HAERLEM!* und endet mit: *des Heeren volk bemind*. Darunter rechts *P. S.*

Höhe 11″ 8‴, Breite 8″ 6‴.

I. Vor der Adresse.
II. Mit der Adresse unten links: *C. Banheynigh excudit*.
III. Mit der Adresse: *Hugo Allardt excud*.

7. Augusta Maria

Tochter Königs Carl I. von England.

Jugendliches Brustbild in Vorderansicht gegen rechts gewendet in einem reichen ovalen, von Genien, Blumen und Fruchtgewinden bedeckten Rahmen, dessen Schluss das grossbritannische Wappen mit der Devise HONI SOIT QUI MAL Y PENSE bildet. Das zurückgestrichene Haar fällt an den Schläfen in reichen Locken herab, eine Perlenschnur ziert Kopf und Hals, und anliegende Spitzen umsäumen den Rand des Kleides. Die Ecken sind mit Palmzweigen und Kränzen ausgefüllt.

Unterhalb des Bildnisses im leeren Raume steht die dreizeilige Unterschrift: AUGUSTA MARIA CAROLI MAGNAE BRIT. | ET HIB. REGIS FILIA PRIMOGENITA | GUILI. AUR. NAT. PRINCIP. SPONS Darunter die Zahl 10 ganz unten am Rande links in drei Absätzen

G. *Hondthorſt Pinxit* | P. *Soutman* Inven. | *Effigiavit et Excud. Cum Privil.* rechts |. *Suyderhoef Sculp. A⁰* 1643

Höhe 16" 1"', Breite 13".

Ist das 10. Blatt der Folge *Comites Nassaviae.* Siehe Anmerkung 1. d.

I. Vor der Nummer.
II. Mit der Nummer 10 in der Mitte unterhalb der Unterschrift.

8. Thomas Bartholinus.

Brustbild gegen links gewendet, das Gesicht beinahe in Vorderansicht, mit Schnurr- und Knebelbart. Das gescheitelte Haupthaar fällt zu beiden Seiten tief herab, und ist am Ende ein wenig gelockt. Das Gewand ist vorne mit einer Reihe Knöpfen besetzt. Der mässig grosse Halskragen ist glatt und mit zwei Quasten versehen, der Mantel um die rechte Achsel geworfen. Die dreizeilige Unterschrift im Unterrande lautet: THOMAS BARTHOLINUS, CASP. FIL. D. | MED. ET ANATOM. IN ACADEM. HAFNIENSI PROFESS. REGIUS. Ætatis 35. A⁰. 1651. Darunter links, *Carl, van Mander* | *pinxit.* rechts *Jonas Suiderhoef* | ſculpſit.

Höhe 5" 6"', Breite 3" 7"'.

Kommt auch auf der Rückseite des siebenten Blattes des folgenden Werkes vor: *Thomæ Bartholini Casp. fil. anatomia ... Hagæ-Comitis ex typographia Adriani Vlacq.* 1651, auch in der zweiten Auflage 1660. 8'.

9. Adrian Beeckerts van Thienen.

Brustbild in Vorderansicht etwas gegen rechts gewendet mit glattem Halskragen, in einen Mantel gehüllt, unter dem die Finger der rechten Hand ein wenig sichtbar sind. Der Kopf ist unbedeckt, und das Haar so dicht, dass es beinahe einer Perücke gleicht, im grellen Gegensatze zu dem Schnurr- und Knebelbarte, der durch wenige Haare gleichsam nur angedeutet ist.

Die zweizeilige Unterschrift im Unterrande lautet: ADRIANUS BEECKERTS A THIENEN LUGD. BAT. JURISCONSULTUS. ET IN | ACADEMIA PATRIA EIUSDEM FACULTATIS PROFESSOR P. T. ACAD. RECTOR. ÆT. XXXIV. ANNO 1657. Dann folgt ein lateinisches Gedicht von vier Zeilen in zwei Absätzen. Es beginnt mit: *Aſpice cui proprium,* und endet mit: *dextera nulla ſuum.* Ganz unten am Rande stehen die Worte, links: *J. D. Vos pinxit J. Suyderhoef sculp.,* rechts: *N. Viſscher excudit.* Henricus Bruno (der Name des Verfassers des Gedichtes).

I. Mit der Adresse: *C. Danckeinningh excudit.*
II. Mit der Adresse: *N. Visscher excudit.*

Höhe 11″ 9‴, Breite 8″ 5‴. *

Nach *Nagler's* Angabe:
I. Stand: Vor der Adresse.
II. Stand: Mit der Adresse *N. Visscher.*

10. Johann Beenius.

Ganze Figur bis an die Knie gegen links gewendet, in einem Lehnstuhle sitzend. Den Kopf deckt eine Kappe, die zum Theile über die Ohren herabreicht. Der Schnurrbart ist ziemlich gross, grösser aber noch der Kinnbart, der den vordern Theil des glatten Halskragens fast ganz verdeckt. Der Körper ist in das Obergewand gehüllt, dessen geschlitzte Aermel frei herabhängen. Beide Arme ruhen auf den Lehnen des Sessels. Mit der linken Hand hält er ein kleines Buch, in welches er zur Bezeichnung einer Stelle den Zeigefinger gelegt hat. Auf dem Sessel selbst, am Sitze findet man die Worte: ÆTATIS 73. Aº. 1661. Hinter dem Sitzenden rechts sieht man einen Mauervorsprung mit einem Wappen, das drei Blumen im Schilde zeigt, und darunter eine Bandrolle mit dem Motto: VITA NIHIL. Den Hintergrund des Blattes zur linken Seite füllt ein mit Tuch bedeckter Tisch aus, auf dem man ein grosses Crucifix, vier Bücher und eine Brille bemerkt. Im Unterrande steht die dreizeilige Unterschrift: ADM: REV: DNS: IOANNES BEENIVS. S. THEOL. LICENT. IN ABBATIA | GRIMBERGENSI QVONDAM. S. TH. LECTOR. NATVS. Aº M.D.LXXXVIII. OBIIT. Aº M.DC.LXV | MORTVVS SIC LOQVITVR VIVIS. Dann folgen in drei Absätzen je zu zwei Zeilen einige lateinische Verse, welche mit den Worten: *Vivis, ut et vixi,* beginnen, und mit dem Pentameter *Quod facis, hoc fiet post tua fata tibi.* endigen. Darunter ganz unten links stehen die Worte: H. *van Vliet pinxit.* und rechts: J. *Suyderhoef sculpsit.*

Höhe 16″ 7‴, Breite 11″ 7‴.

11. Julius Beyma.

Brustbild in einem Oval gegen links gewendet, fast in Voderansicht mit kurz verschnittenem Schnurr-, Kinn- und Backenbarte, mit einer enggefalteten Halskrause und einem niederen ziemlich breitkrämpigen Hute auf dem Kopfe. Der enganliegende Leibrock ist vorne mit einer dichten Knopfreihe besetzt, und über denselben der Pelzmantel gezogen.

Die Umschrift des Ovals lautet: JULIUS à BEYMA, IC. Primarius juris Civilis Professor quondam in Academia

Leydenfi ac Franeq. & Confiliarius in Suprema Curia
FHISIÆ. *Obijt* 1598. *Ætat.* 59. ☿
Der, das Oval umschliessende viereckige Raum ist mit wagrechten Linien beschattet. Unten links ausserhalb des Ovals die Worte *I. Suyderhoef fculp.*, rechts *C. Fontanus excud.*

Höhe 6" 6'", Breite 5" 1'".*

12. Augustin Bloemaert.

Genannt der holländische Augustinus.

Halbe Figur gegen links gewendet, mit zurückgestrichenem Haar, das ein rundes Käppchen deckt. Schnurr- und Knebelbart sind klein, der Halskragen glatt und herabhängend. Er hat einen Mantel an, dessen Aermel offen sind, und sitzt an einem Tische, auf dem man ein Tintenfass, mehrere Bücher, von denen eines geöffnet ist, und ein Crucifix erblickt. Mit der linken Hand, die auf der Lehne des Sessels ruht, hält er eine Feder, und mit der rechten ein Blatt Papier. Auf diesem Blatte bemerkt man einen Fuss, der auf die Weltkugel tritt, und darunter die Worte: *obiit* 14 *nov.* 1659 æt. 73. Im Unterrande findet man in zwei Absätzen je zu vier Zeilen ein holländisches Gedicht. Es beginnt mit: *De Hollantfche AUGUSTYN* und endigt mit den Worten: *De ziel van BLOEMAERT blinckt nu noch met fchooner glans.* Darunter links *J. ver Spronek pinxit. J. Suyderhoef sculpsit.* rechts *J. v. Vondel.* (der Verfasser des Gedichtes).

Höhe 11" 10'", Breite 8" 7'".

13. Niclas Bodding van Laar.

Halbe Figur gegen rechts, stehend an einem Tische, auf dem ein Buch liegt, in das er etwas zu schreiben Willens ist. Das Kopfhaar ist kurz verschnitten, der unmässig lange Bart fällt über den glatten Halskragen und die Brust tief herab. Der Kopf ist etwas nach vorne gewendet, so dass er den Beschauer anzublicken scheint. Im Grunde oberhalb des Kopfes liest man Anno 1639. Ætatis fuae 33. NB. im Unterrande in verschlungenen Schriftzügen *MYN GEWiN iS GEKRuYST.*

Höhe 5" 5'", Breite 3" 9'".

In dem Exemplare der Hofbibliothek steht handschriftlich bemerkt *Niklaas Bodding van Laar, Franfe Schoolmeester tot Haarlem in de Laurier.*

I. Vor aller Schrift.
II. Mit der Schrift *MYN GEWiN* u. s. w. im Unterrande.

14. Marcus Zuerius Boxhorn.

Brustbild in einem Oval gegen rechts gewendet. Er hat einen Mantel an, und darüber einen breiten glatten Halskragen, trägt einen starken Schnurrbart und den schwachen Ansatz eines Knebelbarts. Das Haupt ist unbedeckt, und das lange schlichte Haar hängt tief über die Stirne bis an die Augenbrauen herab.

Die Unterschrift des Ovals lautet: MARCVS ZVERIVS BOXHORNIVS, BERGOBZOMANVS, ELOQVENTIAE IN ACAD. LEID. PROFESSOR, AETATIS ANN. XXVIII. Am untern Ende des Ovals liest man links *Dubordiui Pinsit* darunter J. *Suyderhoef Sculpsit* rechts J. *Lauwyck Excud.*

Im Unterrande befindet sich ein achtzeiliges lateinisches Gedicht in zwei Absätzen, je zu vier Zeilen. Es beginnt mit: *Si Romana fuis* und endet mit: *regna papyrus habet.* Darunter rechts der Name des Verfassers ADRIANUS HOFFERUS | *Regal. Zel. ad orient. Scald. Quaest. General.*

Höhe 12", Breite 8" 6'''.

In dem Exemplare der Albertina findet sich noch ein Plattenstreif von 1" 7''' Höhe angesetzt, der eine Widmung des Verlegers *Lauwyck* an Peter Justus *Daviler* enthält; offenbar ein Probedruck, der an den Worten Correcturen mit der Feder sehen lässt. Die Dedication lautete ursprünglich:

Posteritati | et interim | Tibi | Amplifsime Middelburgij Confúl, Societatis occidentalis Indiæ snnreme Director | Petre Juste Dvilere. | Hanc effigiem oris, charifsimi Generi tui inclyti viri, quod ære exprefsum | ut fcriptis ignea mentem nouifse inter curas posteroru, et mortalitatis eius solatia erit. | Lib: mer: | D. D. | Consecratq̃ | Cl: V: | Jacobij Lauuichius B. L.

und wurde nun handschriftlich folgendermassen verbessert:

Posteritati, | et interim Tibi, | Amplifsime Middelburgij Confúl, Societatis occidentalis Indiae prudentissime Director, | Petre Just e Dávilere. | Hanc effigiem oris, charifsimi Generi tui, inclyti viri, quod ære exprefsum | ut fcriptis ignea mentem nouifse inter curas posteroru, et mortalitatis ejus solatio erit. | Lib: mer: | D. D. | Consecratq̃ | Cl: V: | Jacobij Lauuichius B. L.

Dieses Exemplar ist aus dem *Cabinet Franck* und von ausnehmender Schönheit.

I. Mit der Adresse J. *Lauwyck Excud.*
II. Ebenso mit Hinzufügung unten in der Mitte: *Clement de Jonghe excudit.*
III. Ebenso nur steht noch im Unterrande links unterhalb der Verse C. *Dankertz excud.* die Adresse von *Clement de Jonghe* ist ausgethan.
IV. Mit der Adresse C. *Dankertz* des III. Zustandes und unterhalb der Verse in der Mitte *Danker Dankertz Excud.*

15. Carl. V.
Deutscher Kaiser.

Oval von Fruchtgehängen umgeben. Oben das kaiserliche Wappen zwischen den Säulen des Herkules mit dem Wahlspruche plvs vltra. Der Kaiser in der Rüstung mit etwas vorstehendem Halskragen gegen links gewendet hat kurz verschnittenes Haar und Bart, auf der Brust die Kette des goldenen Vliesses.

Die dreizeilige Unterschrift lautet: *Carolus V. Dei Gratia Imperator Semper Augustus,* | *Et Gloriosissimus, Hispaniarum et Indiarum Rex,* | *Nouiquæ Orbis Monarcha Potentissimus.*

Darunter links: *Titianus Pinxit,* rechts: *J. Suiderhoef Sculpsit* und noch tiefer unten links P. *Soutman Effigiauit et Excud* und rechts *Cum Priuil. Sa. Cæ. M.*

Höhe 15" 2''', Breite 10"*

Ist das 9. Blatt der Folge *Duces Burgundiae.* Siehe Anmerkung 1. c.

I. Vor der Nummer.
II. Mit der Nummer 9 unten in der Mitte ausserhalb des Stichrandes.
III. Mit der herausgenommenen Nummer.

16. Carl. I.
König von England.

Oval von Fruchtgehängen umgeben. Der König in Vorderansicht ist etwas gegen links gewendet, der Kopf unbedeckt, der Schnurrbart in die Höhe gestrichen, der Knebelbart spitz zulaufend. Das Haar hängt auf der rechten Seite tief herab, während es auf der andern bedeutend kürzer ist. Die Halskrause ist ziemlich eng gefaltet und gestickt. Auf der Brust hängt am Bande ein mit Steinen besetztes Medaillon, in dessen Mitte man den heiligen Georg sieht.

Die zweizeilige Unterschrift im Unterrande lautet: *Carolus, Magnæ Britanniæ, Franciæ, Scotiæ et* | *Hiberniæ Rex Serenissimus.* Darunter steht links: *Ant. Van Dyck Pinxit* rechts: *J. Suyderhoef Sculpsit* noch tiefer unten links: *P. Soutman Effigiauit,* und darunter im Schatten kaum lesbar *et excud* rechts: *Cum Priuil. Sa. Cæ. M.*

Höhe 14" 11''', Breite 10" 1'''.

Ist das 10. Blatt der Folge *Ferdinandus II et III*''' Siehe Anmerkung 1. b.

I. Vor der Nummer.
II. Mit der Nummer 10.

17. Carl der Kühne.
Herzog von Burgund.

Oval von Fruchtgehängen umgeben. Der Herzog ist im Harnisch, in Vorderansicht, gegen links gewendet, das Haar schwarz und dicht. Der reiche Pelzmantel, unter dem die Ordenskette des goldenen Vliesses hervorglänzt, wird auf der linken Achsel von einer kostbaren Schliesse zusammengehalten.

Die dreizeilige Unterschrift lautet: *Carolus Dictus Bellicosus Seu Pugnax Dux | Burgundiæ et Belgarum Princeps Potentissimus | Et Serenissimus*, darunter links: *P. Soutman effigiauit | et excud Cum Priuil Sa. Cæ. M.* rechts: *J. Suyderhoef Sculpsit*.

Höhe 15" 4''', Breite 10" 5'''.

Ist das 4. Blatt der Folge *Duces Burgundiac*. Siehe Anmerkung 1. c.

I. Vor der Nummer. Die Abdrücke haben viel Plattengrat, die Plattecken sind scharf.

II. Mit der Nummer 4 unten ausserhalb des Stichrandes, in der Mitte.

III. Die Nummer 4 ist herausgenommen.

18. Jean de la Chambre.

Brustbild gegen rechts gewendet, stehend, ohne Kopfbedeckung in knapp anliegendem Gewande. Das Haar ist ziemlich kurz verschnitten und aus der Stirne gestrichen. Das Gesicht ziert ein sorgfältig gepflegter Schnurr- und spitzer Kinnbart. Der Halskragen ist herabhängend, und die emporgehobene Hand sichtbar, in der er eine Feder hält.

Im Unterrande steht die dreizeilige Unterschrift: *Verscheyden geschriften, geschreven ende int koper gesneden, | door Jean de la Chambre, liefhebber ende beminder der | pennen, tot Haarlem. Anno, 1638.* Daneben rechts *F. Hals. pinxit.* und darunter *J. S. Hoef. sculpsit.*

Höhe 9" 5''', Breite 6" 4'''*.

I. Die Arbeit am Kopfe mahnt an zart punktirte oder geschabte Manier. Die Unterschrift ist die oben angegebene.

II. Der Schlagschatten rechts vom Kinn ist mit einer Lage Querstriche vermehrt, wodurch eine rautenförmige Schraffure entstand. Der Hintergrund, der im früheren Drucke durch zwei Strichlagen gebildet wird, ist mit einer dritten vermehrt, bei der die Striche, der Senkrechten sich nähernd, von links gegen rechts laufen. Dasselbe gilt von dem untern rechten Winkel, wo eine dritte Strichlage gleichfalls sichtbar ist, nur mit dem Unterschiede, dass hier die Striche von links gegen rechts schräg aufwärts gehen. Im Ganzen ist das Zarte der Arbeit verschwunden, wodurch der Kopf einen viel ältern Ausdruck erhält.

Dieses Portrait gehört zu einem Hefte Schreibvorschriften von sechs Blättern in quer Fol.: *Verscheyde geschriften etc. Haarlem* 1638. Weigel's Kunst-Katalog No. 8058.

19. Johann Clauberg.

Stehende halbe Figur auf dunklem Hintergrunde, gegen links gewendet, mit Schnurr- und Knebelbart und gescheitelten glatt gekämmten Haaren, ein Käppchen auf dem Kopfe. Den Hals deckt ein weisser glatter Kragen mit zwei Quasten, den Körper das Doctorgewand; die linke Hand ist leicht auf die Brust gelegt.

Im Unterrande steht die dreizeilige Unterschrift: IOHANNES CLAUBERGIVS | SS. THEOLOGIÆ ET PHILOSOPHIÆ DOCTOR ET [1] PROFESSOR IN ACADEMIA DUISBURGENSI. Darunter links: *J. Caspar Pfeffer pinxit.* in der Mitte: *J. Suyderhoef sculp.* und rechts: *Adriaen Wyngaerden excud.*

Höhe 12″, Breite 8″ 5‴.

I. Mit der Adresse: *Adriaen Wyngaerden excud.*
II. Mit der Adresse: *J. Tangena excud.*

20. Johann Coocejus.

Brustbild gegen rechts gewendet, auf gleichmässig dunklem Hintergrund. Das ziemlich kahle Haupt deckt ein schwarzes Sammtkäppchen, unter dem zur Seite der Schläfen die etwas gelockten Haare sichtbar sind. Er trägt Schnurr- und Knebelbart. Den Hals deckt ein glatter, herabhängender, spitzer Kragen, und den Leib das, mit einer Knopfreihe besetzte Untergewand, über welches der Mantel geworfen ist, den der Professor mit seiner auf die Brust gelegten linken Hand zusammen zu halten scheint.

Im Grunde oberhalb des Kopfes liest man: NATUS BREMÆ A. C. 1603 30 IVLY / 9 AUGUSTI

Im untern Plattenrande stehen in zwei Zeilen die Worte: IOHANNES COCCEIUS | IN ACADEMIA LVGDVNO-BATAVA S. THEOLOGIÆ PROFESSOR. darunter, links: *J. d. Vos pinxit.* 1652. in der Mitte: *J. Suyderhoef fculpsit.* und rechts: *C. Banheijnigh excudit.*

Coccejus heisst mit seinem deutschen Familien-Namen Johann Cock.

Höhe 11″ 4‴, Breite 8″ 6‴.

I. Mit der obigen Adresse *C. Banheynigh excudit.*
II. Mit der Adresse *Hugo Allardt exc.*

21. Jacob Crucius.

Brustbild in einem Oval gegen links gewendet, mit Schnurr- und Knebelbart. Das Haupt deckt ein rundes Käppchen, den Hals ein glatter herabhängender Kragen, den Körper das eng anliegende Unterkleid mit einer Knopfreihe und der darüber gezogene Pelzmantel.

Die Umschrift lautet: IACOBVS CRUCIUS VERBI DEI MINISTER GYMNASIARCHA DELPHENSIS, ET COLLEGII LITERARII IBIDEM MODERATOR.

חלקי יהוה *

In dem Unterrande findet man folgendes lateinisches Distichon:
Effigiem crurı Sculptor dedit, intima qui vult
Dona animi ad vivum nofcere, Scripta legat.

und unter demselben die holländische Uebersetzung in vier Zeilen, welche mit dem Verse: *Hier wordt u voorgeftelt* JACOBI CRUCIJ *wefen*, beginnt, und mit den Worten: *en neemt fyn boeck ter handt*. endet. Zur Linken dieser Verse steht: *Suyderhoef | Sculpfit*. und rechts: *P. Goos | Excudit*.

Höhe 7" 11'''. Breite 5" 6'''. *

22. Ludwig De-Dieu.

Brustbild in einem Oval gegen links gewendet, ohne Kopfbedeckung. Das Haar so wie der Bart ist kurz verschnitten, den Hals umgiebt ein breiter gefalteter Kragen, den Körper ein mit Pelzwerk gefütterter Mantel. Die Umschrift des Ovals lautet: LVDOVICVS DE DIEV. GALLOBELGICI COLLEGII REGENS. & IN ECCLESIA LVGDVNO-BAT. VERBI DIVINI MINISTER. Am obern Plattenrande stehen die hebräischen Worte, links: בְּאֶרֶץ und rechts: בְּ חֶיוָה Am untern Ende des Ovals liest man die Worte, links: *Natus Flif fingæ* 7 Apr. A. 1590 und rechts *Denatus Leidæ* 23 Dec. A. 1642.

Im Unterrande befindet sich ein achtzeiliges lateinisches Gedicht in zwei Absätzen, das mit den Worten Ora vides beginnt, und mit dem Verse Nulla tibi tantum reddit imago virum endigt. Unter diesem Gedichte in der Mitte steht der Name des Verfassers MARCVS ZVERIVS BOXHORNIVS. Noch tiefer unten ganz am Plattenrande links: P. *Dubordieu Pinxit*, und rechts: J. *Suyderhoef sculp*. *Cornelius Banheinningh excudit*.

Höhe 12" 1''', Breite 6" 8'''.

I. Mit der Adresse *Banheinningh excudit*.
II. Mit der Adresse *H. Focken Exc*. an der Stelle der obigen.

23. Renatus Descartes.

Brustbild gegen links gewendet, mit kurzem Schnurr- und Knebelbart, langem herabhängenden Haare und glattem Halskragen. Er ist in den Mantel gehüllt, und hält mit der rechten Hand, deren Finger man sieht, den Hut. In dem sehr schmalen Oberrande liest man: NATVS HAGÆ TVRONVM PRIDIE CAL. APR. 1596 DENATVS HOLMIÆ CAL. FEB. 1650 Im Unterrande steht die Unterschrift: RENATUS DESCARTES, NOBILIS GALLUS, PERRONI DOMINUS, SUMMUS MATHEMATICUS & PHILOSOPHUS. dann folgt ein vierzeiliges lateinisches Gedicht. Es beginnt mit: *Talis erat vultu* und endet mit: *folus in orbe fuit*. Ganz unten am Rande findet man die Worte, links: F. *Hals pinxit*, in der Mitte: J. *Suyderhoeff Sculpsit*, und rechts: P. *Goos excudit*.

Höhe 11" 7‴, Breite 8" 6‴.

I. Mit der Adresse P. *Goos excudit*.
II. Mit der Adresse *Clement de Jonghe*.
III. Diese Adresse gelöscht.
IV. Ohne die Adresse, welche herausgeschliffen wurde. In diesem Stande fehlt die Schrift im Oberrande NATVS HAGÆ TVRONVM u. s. w.; die Platte ist um etwas kleiner und hat folgende Dimensionen: Höhe 11" 7‴, Breite 8" 4‴ am obern, und 8" 6‴ am untern Rande.

In der Auction *Verstolk v. Soelen* wurde ein Exemplar des I. und zwei des II. Standes um 33 holl. Gulden verkauft.

24. Constantin L'Empereur ab Oppyck.

Brustbild in einem Oval etwas gegen rechts gewendet. Das Haupt ist unbedeckt, und wenig behaart. Ein Schnur- und starker breiter Kinnbart umgiebt den Mund. Den Hals deckt ein glatter, breiter und spitzer Kragen. Auf der Brust hängt eine Schnur mit zwei Ringen einer Kette herab. Die Rundschrift des Ovals lautet: CONSTANTINVS L'EMPEREVR AB OPPYCK S. S. THEOLOGIÆ D. PROFESSOR ET ILLVSTRISSIMI COM. MAVRITII NASSOVII IND. OCC. GVBERNATORIS CONSILIARIVS. ÆTATIS SVÆ A° 50. Unten, zur Linken des Ovals die Worte: *Baudrigeen Pinxit* und darunter J. *Suyderhoef Sculpsit*. Zur Rechten desselben: *Jac. Lauwryck Excudebat*.

Im untern Plattenrande steht ein achtzeiliges Gedicht in zwei Absätzen. Es beginnt mit den Worten: *Cæfaris hæc facies, quem tota ftupefcit Jdume*, und endigt mit dem Verse: *Qui modo reftabat, Barbarus orbis, erat*. Darunter rechts die Worte: ANTÒNIVS T..., J. C.

Höhe 11" 10‴, Breite 8" 5‴.*

I. Mit der Adresse: *Jac. Lauwyck Excudebat* und unter den Versen rechts: ANTONIVS T ..., J. C.
II. Mit der Adresse: *Jac. Lauwyck Excudebat* und unter den Versen rechts die ausgeschriebenen Worte: ANTONIVS THYSIVS, J. C.
III. Wie der zweite, dann unter den Versen links die neue Adresse *C. Dankertz excud.*
IV. Wie der dritte; unter den letzten vier Versen die Adresse *Danker Dankertz Exc.*

25. Ferdinand III.
Deutscher Kaiser.

Grosses Oval, oben in der Mitte mit einem Lorbeerkranz. Die Ecken sind folgendermaassen ausgefüllt: oben links schwebt ein Adler mit dem Blitze in den Fängen, rechts windet sich ein Lorbeerzweig in die Höhe; unten links liegt die Weltkugel, eine Waage, und die Schlange mit dem Caduceus, rechts die deutsche Kaiser- und andere Kronen, und das Schwert. Der Kaiser mit dem Lorbeer gekrönt, steht in Vorderansicht gegen rechts gewendet in der Rüstung mit dem Kaisermantel und der Kette des goldenen Vliessordens. In der Rechten hält er den Scepter, mit der linken Hand umfasst er den Degengriff. Das gescheitelte Haar fällt etwas gelockt zu den Seiten herab. Der Schnurr- und Knebelbart sind mässig gross. Hinter einer Draperie gewahrt man im Hintergrunde einen runden Saal mit Standbildern der Regenten.

Höhe 18″ 7‴, Breite 14″ 4‴.

Ohne Namen des Malers und Stechers.

26. Ferdinand III.
Deutscher Kaiser.

Oval von Fruchtgehängen umgeben, an dessen oberem Ende zwei Adler das österreichische Wappenschild halten. Der Kaiser ist von vorne etwas gegen links gewendet in der Rüstung zu sehen. Er trägt Schnurr- und Knebelbart, der Halskragen ist glatt, am Rande mit Stickereien besetzt. Auf der Brust sieht man die Ordenskette des goldenen Vliesses.

Die zweizeilige Unterschrift lautet: *Ferdinandus. III Dei gratia Imperator femper Augustus Germaniæ, | Hungariæ . et Bohemiæ Rex, Austriæ Archidux, Burgundiæ dux &.* Darunter steht: *P. Soutman effigiavit et excud Cum Priuil Sa. Cæ. M. J. Suyderhoef Sculpsit*

Höhe 15″ 3‴, Breite 10″ 1‴.

Ist das 3. Blatt der Folge *Ferdinandus II""* et *III"*. Siehe Anmerkung 1. b.

I. Vor der Nummer.
II. Mit der Nummer 3.

27. Friedrich III.
Deutscher Kaiser.

Oval mit Trophäen eingerahmt. Der Kaiser ist gegen rechts gewendet. Sein Haar fällt schlicht herab, der Schnurrbart ist klein, auf dem Haupte sitzt die Kaiserkrone. Er hat eine geschobene Rüstung an, und darüber den Kaisermantel. Unten im Postamente steht in der Mitte die Zahl III. dann folgt die vierzeilige Unterschrift: FRIDERICVS III, ALBERTI I FIL. RODOLPHI I NEP. PATRIS SVCCESSORI | HENRICO VII SVCCEDENS IMPERATOR, ELECTO SIMVL CONSOBRINO SVO | LVDOVICO BAVARO CIƆCCCXV, SVPERATIS TANDEM TRICIS CIƆCCCXXV, | CVM ILLO CERTIS CONDITIONIBVS IMPERIO PRÆEST, OBIT CIƆCCCXXX. Darunter steht: *P. Soutman Inuenit Effigiauit et Excud. Cum Priuil. J. Suyderhoef Sculp.* 1644.

Höhe 16" 1"', Breite 13" 1"'.

Ist das 3. Blatt der Folge *Effigies imperatorum domus austriacae.* Siehe Anmerkung 1. a.

I. Vor der Nummer.
II. Mit der Nummer III in der Mitte oberhalb der Unterschrift.

28. Friedrich Heinrich von Nassau.

Brustbild in Vorderansicht gegen links gewendet in der Rüstung mit einem Medaillon am Bande auf der Brust, und grossem am Rande gestickten Halskragen mit zwei Quasten. Das Haar ist schlicht, Schnurr- und Knebelbart mässig gross. Der ovale Rahmen, der das Bild umgiebt, ist mit Genien und Trophäen bedeckt; oben das Nassauische Wappen mit dem Motto: HONI SOIT QUI MAL Y PENSE. Die vier Ecken füllen Blätterkronen mit Palmzweigen, dann eine Mauer- und Schiffskrone aus. Im leeren Raume unterhalb des Bildes steht die zweizeilige Inschrift: FR. HENRICUS NASSAVIUS, PRINCEPS | ATRIACUS, etc., und ganz unten am Rande links: *G. Hondthorst Pinxit.* rechts: *I, Suyderhoef Sculp,* darunter *P. Soutman Inuen, Effigiavit et Excud, Cum Priuil,*

Höhe 16" 2"', Breite 13" 2"'.

Ist das 7. Blatt der Folge *Comites Nassaviae.* Siehe Anmerkung 1. d.

I. Vor der Nummer.
II. Mit der Nummer 7 unterhalb der Unterschrift.

29. Gillis de Glarges.

Halbe Figur stehend gegen links gewendet, mit Backen-, Schnurr- und spitzem Kinnbart, einem Sammtkäppchen auf dem Kopfe und einer gefalteten Krause um den Hals, im sammtenen Untergewande, und einem Pelzmantel, dessen vorderen Theil er mit beiden Händen in die Höhe hält. Links oben bemerkt man sein Wappen und darunter die Worte: ob. 1641 ÆT. 82. Im Unterrande steht die Unterschrift: GILLIS DE GLARGES VRYHEER TOT ESLEMS IN HENEGAV. RAET PENSION. DER STAT HAERLEM, ENDE CVRAT VANDE VNIVERSITEYT TOT LEYDEN. Dann folgt ein zehnzeiliges lateinisches Gedicht in drei Absätzen. Es beginnt mit: *Aspicis ora viri* und endet mit: *spiritus astra tenet.* Ganz unten liest man links: *M. Mierevelt pinxit.* und darunter *J. Suyderhouf Sculp.* 1643. rechts: *G. Suerendonck comp.* und darunter *Michiel Segermann Excud.*

Höhe 13″ 2‴, Breite 9″ 3‴.

I. Mit der Adresse des *Michiel Segermann.*
II. Mit jener des *Clement de Jonghe.*
III. Mit der Adresse *Dancker Danckerts excudit.*
IV. Mit der Adresse *Jean de Ram exc.*

30. Heinrich Goltzius.

Brustbild in einem reichen aus Lorbeerzweigen gebildeten, von Genien, Fruchtgewinden und allerhand Maler- und Kupferstecherrequisiten umgebenen Oval, oberhalb dessen ein Wappenschild mit einem linksgekehrten abgerissenen Adlerkopf zu sehen ist. In der darüber schwebenden Bandrolle stehen die Worte EER BOVEN GOLT. Der Kopf in Dreiviertelansicht zu schauen, ist gegen rechts gewendet. Das Haupt deckt ein rundes Käppchen, und der volle Bart ziert das Gesicht. Um die Achseln ist ein weites Sammtgewand geschlagen, und der Halskragen tritt nur wenig hervor. Auf der Brust bemerkt man einige Glieder der Halskette.

Im Unterrande liest man auf einer Draperie in fünf Absätzen die Worte: *Henricus Goltzius | sculpturæ et picturæ ambitum | et amplitudinem pari | celeritate et fœlicitate | occupans.* Darunter ganz am Rande in der Mitte des Blattes gegen links: *I. Suyderhoef Sculpxit* rechts $ ifscher Excud. und noch weiter rechts *Cum Priuil.*

Höhe 14″ 11‴, Breite 9″ 10‴.

I. Mit der Adresse *P. Soutman Exc. cum Privil.*
II. $ ifscher Excud. Cum Priuil.

31. Georg Christoph Baron von Haslang.

Brustbild gegen rechts gewendet, ohne Kopfbedeckung mit langem schlichten Haar, Schnurr- und Knebelbart, und glattem Halskragen.
Die siebenzeilige Unterschrift im Unterrande lautet: *Illustrissimus ac Excellentissimus Dominus Dnus.* | *Georgius Christophorus Liber Baro ab Haslang in* | *Hochen-Camer et Giebing, Superioris et Inferioris* | *Bavariæ præfectus hæreditarius, Serenissimi Ducis* | *et Electoris Bavariæ Consiliarius arcanus, Aulæ* | *Mareschallus, Camerarius, præses in Pfaffenhoffen etc. et* | *ad tractatus pacis Vniversalis Legatus Plenipotentiarius.* Darunter rechts in der Ecke: J. *Suyderhoef Sculp.*

Höhe 8″, Breite 5″.

I. Vor aller Schrift. Die Plattenecken sind nicht abgerundet.
II. Mit der Schrift.

32. Adrian Heereboord.

Brustbild in einem Oval in Vorderansicht ein wenig gegen links gewendet, ohne Kopfbedeckung. Das Haar ist etwas gelockt, der Schnurrbart schwach, und der Knebelbart kaum sichtbar, der Halskragen glatt und der Mantel über die rechte Achsel geworfen. Die Umschrift des Ovals lautet: ADRIANVS HEEREBOORD, LVGDVNO-DATAVUS, L. A. M. PHILOSOPHIÆ IN ACADEMIA PATRIA PROFESSOR OR-DINARIVS, & COLLEGII THEOLOGICI PRO-REGENS. ÆTATIS XXXIII. 1647. Am oberen Plattenrande stehen die Worte, links: $\Sigma O \Phi \Omega \Sigma$ und rechts: $KAI \; \Sigma A \Phi \Omega \Sigma$.
Im Unterrande befindet sich ein lateinisches Gedicht von sechs Zeilen. Es beginnt mit: *Accipe Spectator*, und endet mit: *muta tabella loqui.* Darunter liest man die Worte, links: *P Dubordieu pinxit.* in der Mitte: HENRICUS BRUNO und rechts: *Jonas Suyderhoef fculp.*

Höhe 11″ 10‴, Breite 8″ 4‴."

33. Adrian Heerebord.

Halbe Figur, gegen rechts gewendet. Er sitzt in seinen Mantel gehüllt in einem Lehnstuhle, hat ein Käppchen auf dem Kopfe und einen glatten Kragen um den Hals. Das Haar, das einer Perücke gleicht, ist lang, Schnurr- und Knebelbart dagegen kaum bemerkbar. Vor ihm steht ein Tisch mit einem Pulte, auf dem ein geöffnetes Buch liegt, in welches er etwas mit der Feder zu schreiben eben im Begriffe ist. Hinter seinem Kopfe bemerkt

man im Hintergrunde eine herabhängende Draperie und rechts eine Nische.
Die dreizeilige Unterschrift lautet: ADRIANVS HEEREBOORD. LVGDVNO BATAVVS. | L. A. M. ET PHILOSOPHIÆ IN ACADEMIA PATRIA | PROFESSOR ORDINARIVS. ÆTATIS 45. ANNO 1659 darunter rechts: J. *Suyderhoef sculp.*

Höhe 7" 11''', Breite 5" 4'''.*

34. Rudolph Hegger.

Brustbild in einem Oval in Vorderansicht etwas gegen links gewendet, mit Backen-, Schnurr- und langem Kinnbarte. Er ist in einen Pelzmantel gehüllt, hat um den Hals eine Krause, und auf dem Kopfe ein Sammtkäppchen. Die Umschrift des Ovals lautet: RUDOLPHUS HEGGERUS L. W. ECCLESIÆ INVARIATÆ AUGUSTANÆ CONFESSIONIS QUÆ EST LUGDUNI BATAVORUM AD XXXV ANNOS PASTOR. Aº 1656.
Der Unterrand hat in zwei Absätzen ein holländisches Gedicht von acht Zeilen. Es beginnt mit dem Verse: *D'uff Beeldingh sietmen hier, van Meester Rudolph Hegger* und endigt mit den Worten: *ten Hemel trecken in.* Unter diesem Gedichte liest man die Worte, links: J. D. *Vos pinxit.* J. *Suyderhoef sculp.*, in der Mitte: C. *Bankeyningh excudit.* und rechts: J. J „*Vercey*" I.

Höhe 11" 11''', Breite 8" 6'''.*

I. Der beschriebene mit der Adresse C. *Bankeyningh excudit.*
II. Mit der Adresse *Hugo Allerdt excudit* an der Stelle der obigen.
III. Mit der Adresse *Carolus Allard excudit.*

35. Daniel Heinsius.

Brustbild in einem Oval gegen links gewendet, mit einem Käppchen auf dem Scheitel und einem glatten Kragen um den Hals. Das Haar ist dicht und gelockt, Schnurr- und Knebelbart kurz gehalten. Im Knopfloche auf der Brust hängt an einem Bande eine Medaille mit dem Löwen des heil. Markus. Die Umschrift des Ovals lautet: DANIEL HEINSIVS, D. MARCI EQVES, ILLVSTR. HOLLANDIÆ ORDINVM HISTORICVS, POLITICES ET HISTORIARVM PROFESSOR, BIBLIOTHECARIVS ACADEMIÆ, ET SECRETARIVS. Oben am Rande des Blattes steht das Motto: QVANTVM EST QVOD NESCIMVS. unten links: *Merek. Pinxit* rechts: J. *Suyderhoef Sculp.*
Im Unterrande befindet sich ein achtzeiliges lateinisches Gedicht in zwei Absätzen. Es beginnt mit: *Si tabulam cœlare* und

endet mit: *et dedit ipse libi.* Darunter rechts der Name des Verfassers *Guilielmus Grotius.*

Höhe 11" 11''', Breite 8" 5'''.

I. Vor aller Adresse.
II. Mit der Adresse *Cornelus Banheinningh Excud.* unter dem Namen *Suyderhoef.*
III. Mit der Adresse *H. Allardt.*
IV. Diese Adresse ausgethan, man sieht deutlich Spuren davon.

36. Henrietta Maria.
Königin von England.

Oval von Blumenguirlanden umgeben. Die Königin ist gegen rechts gewendet. Im Haare sieht man Perlen, ebenso um den Hals eine Reihe grosser Perlen, von denen die vorderste länglich ist. Das Ohrgeschmeide besteht gleichfalls aus Perlen in Tropfenform. Der tief herabreichende Halskragen ist reich gestickt. Den Hintergrund bildet eine mit Seidenzeug überzogene Wand.

Die zweizeilige Unterschrift lautet: *Henrietta Maria Caroli Vxor, Magnæ, Britanniæ, | Franciæ, Scotiæ et Hiberniæ Regina Serenissima.* Darunter links: *Ant. Van Dyck Pinxit | P. Soutman Effigiauit | et Excud* rechts: *J. Suyderhoef Sculpsit | Cum Priuil. Sa. Cæ. M.*

Höhe 14" 6''', Breite 10" 1'''.

Ist das 11. Blatt der Folge *Ferdinandus* II^{us} et III^{us}. Siehe Anmerkung 1. b.

I. Vor der Nummer.
II. Mit der Nummer 11.

37. Franz Herman, eigentlich Heereman.

Brustbild gegen links gewendet. Das Haar ist kurz und zurückgestrichen. Er trägt einen zierlichen Schnurr- und Knebelbart, und um den Hals einen grossen herabhängenden und gefalteten, am Rande gestickten Kragen. Links oben liest man: *V de Geest f.* darunter: *J. Suyderhoef S.*

Höhe 5" 10''', Breite 4" 3'''.

Ist zu einem Buche verwendet, mit holländischem Text auf der Rückseite.

I. Vor der Schrift (*de Graaf's Cabinet*).
II. Mit dem Namen des Meisters.

38. Abraham Heydan.

Brustbild in Vorderansicht gegen links gewendet, mit einem Käppchen auf dem Kopfe. Der Bart ist kurz verschnitten, und läuft am Kinne spitzig zu. Der Halskragen ist breit, glatt, und der Körper in einen Mantel gehüllt, jedoch so, dass die Knopfreihe des Rockes sichtbar ist.

Im Unterrande steht die dreizeilige Unterschrift: ABRAHAMUS HEYDANUS. | ECCLESIÆ LEYDENSIS PASTOR. SS. THEOLOGIÆ DOCTOR. | ET PROFESSOR. Darunter links: *J. van Schooten pinxit* in der Mitte: *Jonas Suyderhoef fculpsit* und rechts: *Cornelis Banheinning excudit*.

Höhe 11" 9''', Breite 8" 2'''*.

I. Mit der Adresse *Cornelis Banheinning excudit*. Man zählt 10 Knöpfe am Rocke.

II. Der Mantel und der Halskragen sind herausgeschliffen, letzterer ist kleiner geworden, er geht vorne nicht mehr übereinander, wie im früheren Stande, und die Spitzen desselben stehen bloss 2" 1''' von einander ab. Auch der Mantel erfuhr eine gänzliche Umarbeitung; er reicht rechts und links nicht mehr bis an den Stichrand, und ist so weit über einander geschlagen, dass nur mehr 8 Knöpfe des Untergewandes sichtbar sind. Von dem rechten Oberarm ist nichts mehr zu sehen. Der Umschlag ist von Seidenstoff, breit, und ohne Falten. Die Schatten im Gesichte links sind bedeutend verstärkt. Die Schrift im Unterrande und die Adresse ist dieselbe wie im ersten Stande.

III. Mit der Adresse: JOCHEM BORMEESTER Exc.

39. Jacob Hollebeeck.

Brustbild gegen links gewendet, im schwarzen Untergewande, das mit einer Reihe von Knöpfen besetzt ist. Der Mantel hängt leicht und frei von den Achseln herab; Kinn und Oberlippe umgiebt der ziemlich starke Bart, während das schüttere Haupthaar nur spärlich unter dem runden Käppchen sichtbar ist. Den Hals deckt eine enggefaltete Halskrause; der Hintergrund, auf dem man rechts oben an einer lichteren Stelle die Worte Ætatis fuæ 55. Aº 1648. gewahr wird, ist fast durchwegs gleichmässig dunkel gehalten.

Im Unterrande steht die Unterschrift: IACOBVS HOLLEBEKIVS, THEOLOGVS, ECCLESIASTES AMSTELODAMENSIS. Dann folgen holländische Verse in vier Zeilen. Sie beginnen mit den Worten: *De fwanger-gaende Konft*, und enden mit: *plaeft die al in een*. Zur linken Seite dieser Verse liest man: *J. Suyderhoef | Sculpfit*. und rechts: *Pieter Goos | Excudit*.

Höhe 11" 6''', Breite 8" 1'''.
I. Vor den Worten *Aetatis fuae* 55. A° 1619, aber mit der Adresse von *Goos*.
II. Mit diesen Worten.

40. Johann Hoornbeeck.

Halbe Figur in Vorderansicht gegen links gewendet, im Predigergewande, ohne Kopfbedeckung, mit dunklem Haare, kleinem Schnurr- und Knebelbarte und glattem Halskragen. Mit der rechten Hand hält er ein geschlossenes Buch. Im Hintergrunde zur linken Seite des Kopfes gewahrt man die Worte: *Ætatis* xxxiv. A°. *MDCLI*.
Im Unterrande steht die dreizeilige Unterschrift: Iohannes Hoornbeeck. | S. Theol. Doctor. in Ecclesiā, & Academiā Ultraiectinâ | pastor, atq3 Professor. Darunter links: *J. Suyderhoef fculps*. rechts: *Pieter Goos excudit*.

Höhe 12" 2''', Breite 9" 4''' *.

I. Vor dem Worte *Ætatis* etc.
II. Mit der Adresse von *Pieter Goos*.
III. Mit der Adresse von *Cl. de Jonghe*.
IV. Mit der Adresse von *J. Tangena*. Oben die Worte: *Piae memoriae*. Die Platte ist retouchirt.

41. Johann der Unerschrockene.
Herzog von Burgund.

Oval von Fruchtgehängen umgeben; das Gesicht ohne Bart, der Kopf gegen links gewendet. Das Haupt deckt eine Art von Hut mit einer Verzierung von Steinen und Perlen in Blumenform. Der Körper ist in einen Mantel gehüllt, der mit Pelzwerk gefüttert ist.
Die dreizeilige Unterschrift im ovalen unteren Schilde lautet: *Joannes Dictus Intrepidus Dux Burgundiæ, Comes* | *Flandriæ et Arthesiæ etc. Potentissimus et* | *Serenissimus*. Darunter die Worte, links: *P. Soutman effigiauit* | *et excud*, rechts: *J. Suyderhoef Sculpsit*. Noch tiefer unten in der Mitte: *Cum Priuil. S. Cæ. M*. ausserhalb der Randlinie unten in der Mitte die Zahl 2.

Höhe 15" 3''', Breite 10" 11'''.

Ist das 2. Blatt der Folge *Duces Burgundiae*. Siehe die Anmerkung 1. c.

I. Vor der Nummer.
II. Mit der Nummer 2 unten in der Mitte ausserhalb des Stichrandes.
III. Die Nummer 2 ist herausgenommen.

Ein herrliches Exemplar dieses Blattes voll Plattengrat und mit den spitzigen nicht abgerundeten Plattenecken von unvergleichlicher Wirkung, das Zartheit und Kraft in schönster Harmonie vereinigt, besitzt Herr *J. U. D. Josef Pokorný* in Wien.

42. Johann.
Graf von Nassau.

Oval von Fruchtgehängen umgeben. Der Kopf in Vorderansicht gegen rechts gewendet, ist theilweise kahl, sonst das Haar gekraust, ebenso der kurz gehaltene Schnurr- und Kinnbart. Der Graf ist in der Rüstung, der Halskragen am Rande gestickt; auf der Brust hängt das Ordenszeichen des goldenen Vliesses.

Die dreizeilige Unterschrift in dem ovalen Schilde lautet: *Joannis Comes nassouiæ Catzenellemboci, Viandæ. & | Illustrissimus et Excelentissimus, Aurei Velleris eques, | Et Equitatus Regij in Belgio Prefectus.* Darunter links: *Ant. Van Dyck Pinxit* rechts: *J. Suiderhoef Sculpsit* und noch tiefer links: *P. Soutman Effigiauit et Excud* und rechts: *Cum Priuil. S. Cæ. M.*

Höhe 15″, Breite 9″ 11‴.

Ist das 22. und letzte Blatt der Folge *Ferdinandus II et III.* Siehe die Anmerkung 1. b.
I. Vor der Nummer.
II. Mit der Nummer 22.

43. Johanna.
Gemahlin Philipp I. von Spanien.

Oval von Blumengehängen umgeben. Der Kopf gegen rechts gewendet, mit einer Art Kopftuch, unter dem die Haare nur ein wenig hervorsehen. Das anliegende Kleid reicht bis an den Hals, an dem ein Schmuck in Blumenform an einer Schnur hängt.

Die Aufschrift im untern Schilde ist dreizeilig und lautet: *Johanna Vxor Philippi. I. Regina Castiliæ et | Legionis etc. Archidux Austriæ, Dux Burgundiæ, | Et Princeps Belgarum Potentissima et ferenissima.*

Unten links: *P. Soutman effigiauit | et excud Cum Priuil Sa. Cæ. M.* rechts: *J. Suyderhoef Sculpsit.*

Unten ausserhalb des Stichrandes in der Mitte die Zahl 7.

Höhe 14″ 11‴, Breite 9″ 10‴.

Ist das 7 Blatt der Folge *Duces Burgundiae.* Siehe die Anmerkung 1. c.
I. Vor der Nummer.
II. Mit der Nummer 7 unten in der Mitte ausserhalb des Stichrandes.
III. Die Nummer 7 ist herausgenommen.

44. Isabella Clara Eugenia.
Infantin von Spanien.

Oval von Blumenguirlanden umgeben. Die Infantin trägt ein Diadem von Perlen und Edelsteinen, die Ohrgehänge sind gleichfalls mit Perlen geziert. Den Hals deckt eine ungewöhnlich grosse, reich gestickte Halskrause. Das Gesicht ist etwas gegen rechts gewendet. Auf der Brust gewahrt man ein Kreuz von Edelsteinen, und eine tief herabhängende Doppelreihe grosser Perlen. Die dreizeilige Unterschrift lautet: *Isabella Clara Eugenia, Coniux Alberti, Hispaniarum | Infans ferenissima et Potentissima, Belgarum | Et Burgundio^{num} Princeps.* Darunter links: P. P. Rubens *Pinxit* rechts: J. *Suyderhoef Sculpsit,* und ganz unten am Rande des Schildes: P. *Soutman effigiauit et Excud Cum Priuil. Sa. Cæ. M.*

Höhe 15", Breite 10"*.

Ist das 13. Blatt der Folge *Ferdinandus II. et III.* Siehe die Anmerkung 1. *b.*
I. Vor der Nummer.
II. Mit der Nummer 13.

45. Johann Polyander van den Kerckhove.

Brustbild in einer ovalen Einfassung, beinahe in Vorderansicht etwas gegen rechts gewendet. Auf dem ziemlich kahlen Kopf sitzt ein rundes Käppchen von Seidenzeug. Oberlippe und Kinn ziert der weisse Bart, dessen unterer Theil eine fast viereckige Form hat und über die mässig hohe und ziemlich enggefaltete Halskrause herabhängt. Der Backenbart ist stark verschnitten. Den Körper deckt das übliche Unterkleid mit der einfachen Knopfreihe und das darüber gezogene Obergewand.

Die Rundschrift des Ovals lautet: IOHANNES POLYANDER à KERCKHOVEN S. S. THEOLOGIÆ DOCTOR ET PROFESSOR PRIMARIVS, MAGNIFICVS RECTOR ACADEMIÆ LEYDENSIS A° DÑI CIƆIƆCXL. ÆTATIS SUÆ LXXII. PIE & prudenter. Unten zur linken Seite bes Ovals findet man die Worte: *Baudrigeen Pinxit | J. Suyderhoef Sculpfit.* und zur rechten: *Jac. Lauwick Excudebat | Lugduni Batavorum A*° 1641. Im Unterrande steht ein Gedicht von acht Versen in zwei Abtheilungen, welches mit den Worten *Hactenus impositum nobis:* beginnt, und mit dem Pentameter *Pulchrior in terris nulla tabella foret.* endet, und wo am Schlusse rechts noch die Buchstaben P. S. sichtbar sind. Zwischen diesen zwei Abtheilungen befindet sich, von einer herzförmigen Linie eingeschlossen, die lateinische Widmung dieses Blattes von Seiten des Verlegers *Lauwick* an den *Joh. P. van Kerckhoven*Herrn auf *Heenvliet* und Aufseher der Wälder in Holland.

Höhe 11" 11"', Breite 8" 7"'.

I. Mit der Adresse *J Lauwyck Excudebat.*
II. Im Unterrande unterhalb der ersten vier Verse links die Adresse *C. Dankertz excud.*
III. Wie der zweite, nur kommen hiezu noch rechts unterhalb der letzten vier Verse die Worte *Dancker Dankaerts Excud.*

46 Hendrick de Keyser.

Brustbild in einem reichen Rahmen, den ein Oval umschliesst, gegen rechts gewendet, im blossen Wams, ohne Halskragen und ohne Kopfbedeckung. Schnurr- und Kinnbart sind kurz gehalten, das Haar gekraust. Die Umschrift lautet: *HENDRICK DE KEYSER, BEELDT EN STEENHOUWER DER STADT AMSTERDAM.*

Im untern Ende des Rahmens liest man: *Gheboren* 1565 den 15 May | *Gheftorven* 1621 | den 15 May. Unten links am Rande des Blattes steht *Jeyfer delinearit* 1621 und rechts *J. Snyderhoff F.*

Darunter in einem 1″ 3‴ hohen Ansatz an die Platte befinden sich mit Typen gedruckt holländische Verse in vier Zeilen. Sie beginnen mit: MIEN LEEFT, und enden mit SCHOOT GHEBOOREN. Darunter rechts I. V. VONDELEN.

Höhe des Blattes allein 7″ 6‴, Breite 5″ 10‴.

I. Vor aller Schrift.
II. Mit der Schrift.

48. Johann Knüff.

Halbe Figur in Vorderansicht, etwas wenig gegen links gewendet. Den Kopf deckt ein Käppchen, den Hals eine eng gefaltete Halskrause. Der Bart ist dicht, breit, und reicht tief hinab. Die linke Hand ruht auf der Brust. Oben im Grunde zur linken Seite des Kopfes liest man: ÆTAT. 50. rechts: *J. Snyderhoef sculp.* | 1654.

Im Unterrande steht die Unterschrift: IOANNES KNIJFF. VLTRA-JECTINVS. ECKESIÆ ALCMARIANÆ PASTOR. Dann folgen zwei sechszeilige Gedichte, wovon das zur linken Hand holländisch, und das zur rechten lateinisch ist. Das holländische beginnt mit den Worten: *Siet hier den Leeraer Knijff!* und endet mit: *en door sijn schrifts ontvouwen.* Der Anfang des lateinischen Gedichtes ist: *Talem te Knijffi, Polycletus sculpsit in are;* das Ende: *Sartaqi tecta viri.* Darunter die Worte, links: *Tot Alcmaer by Symon Brekegeeft.* in der Mitte: *N. a. Vogelsanck.* und rechts: *R. Neuhusius.*

Höhe 11″ 9‴, Breite 8″ 8‴. *

48. Johann Koets.

Brustbild in einem Oval, gegen links gewendet, mit Schnurr- und Knebelbart. Der Kopf ist unbedeckt, das Haar schlicht, kurz verschnitten und zurückgestrichen, der Halskragen glatt und herabhängend. Beide Hände sind sichtbar. Er hält mit der linken Hand ein Crucifix, und deutet mit dem erhobenen Zeigefinger der rechten vor sich hin.

Die Rundschrift des Ovals lautet: REV⁴⁹. ADMODVM DNVS IOHANNES KOETSIVS HARLEMENSIS. NATVS ANNO CIƆIƆCI. 24 DECEMB. DENATVS ANNO CIƆIƆᶜIˣˡⱽᴵᴵ. ²⁰· JUNII. Unten rechts J. *Suyderhoef sculp.*

In dem Unterrande auf einer angesetzten Platte ein holländisches Gedicht in zwei Absätzen je zu vierzehn Zeilen. Es beginnt mit den Worten: *Siet hier hoe door de conft* und endet mit: *haar wel verdiende lof.*

Höhe 13" Breite 8" 6'''.

49. Albert Kyper.

Halbe Figur in einem Oval, in Vorderansicht, gegen links gewendet, im Doctorgewande, mit glattem, herabhängendem Halskragen. Das Haupt ist unbedeckt, das Haar dicht und gelockt, Schnurr- und Knebelbart klein. Der linke Arm sammt der Hand, die in einem Handschuhe steckt, ist sichtbar.

Im Unterrande befindet sich die zweizeilige Unterschrift: ALBERTVS KYPERVS, PHIL. ET MED. DOCTOR. | AC IN ACADEMIA LEID. MED. PROFESSOR. ORDINARIVS. Darunter stehen die Worte, links: D. *Bailly pinxit.* in der Mitte: J. *Suyderhoef ſculpſit* und rechts: C. *Banheyning excudit.*

Höhe 10" 11''', Breite 8".

I. Mit *C. Banheyning excudit.*
II. Mit *Hugo Allerdt excudit.*
III. Mit veränderter Unterschrift und als ein Portrait von *J. Cocceius* fälschlich angegeben: JOHANNES COCCEIUS S. THEOLOGIAE PROFESSOR etc. darunter vier lat. Verse *Optimus interpres etc.* D. *Bailly pinxit* J. *Suyderhoef sculpsit Johannes de Ram excudit.*

50. Peter Laccher.

Nagler erwähnt dieses Blatt mit den Worten: *Petrus Laccher, Pastor.* J. *Suyderhoef sc.* Sehr seltenes Blatt, fol.

Dasselbe wurde trotz seiner Seltenheit 1851 bei *Verstolk v. Soelen* sammt dem Portrait des *M. Teelinck* doch nur mit 5 holl. Gulden bezahlt.

Es ist noch bezeichnet *Pastor Medioburg. aet* 55. *anno* 1665.

51. Jacob Maestertius.

Brustbild gegen rechts gewendet, ohne Kopfbedeckung, im Mantel und halb offenem Untergewande, mit einem durchsichtigen, mit breiter Stickerei eingefassten Halskragen. Das Haar ist lang und hängt tief in die Stirne herein.

Im Unterrande liest man die Unterschrift: JACOBVS MESTERTIVS JVRISCOSVLTVS BELGA, ET IN ACADEMIA LVGDVNO. BATAVA JVRISPRVDENTI.E ANTECESSOR ORDINARIVS. Dann folgt ein vierzeiliges lateinisches Gedicht. Es beginnt mit: *Quem docuit* und endet mit *non pereuntis honor*. Ganz unten links: *N. Van Neyre Pinxit* | *J. Suyderhoef Sculpfit* in der Mitte: *Caspar Kinfchotius* der Name des Dichters und rechts: *C. Dankertz Excudebat* | *Lugduni Batavorum*.

Jacob Maestertius geboren 1610 zu Dendremonde in Flandern stammt von der alten englischen Familie *Maisterton* ab.

Höhe 12" 3''', Breite 6" 7'''.

I. Mit der Adresse von *J. Luywyck*.
II. Mit jener von *Clement de Jonghe*.
III. Mit der Adresse *D. Dankerts exc.*
IV. Mit der Adresse *C. Dankerts exc.*

52. Maria.
Gemahlin des Kaisers Maximilian I.

Oval von Blumen umgeben. Die Kaiserin in Vorderansicht gegen links gewendet, mit einem haubenähnlichen Kopfputze, der die Haare ganz verhüllt. Am Halse hängt ein Kreuz mit einer Perle.

Die dreizeilige Aufschrift im untern Schilde lautet: *Maria Coniux Maximiliani Imperatoris femper* | *Augusti Archidux Austriae, Dux Burgundiae et* | *Belgarum Princeps ferenissima* darunter links: *P. Soutman effigiauit* | *et excud Cum Priuil Sa. Cae. M.* rechts: *J. Suyderhoef Sculpsit.*

Höhe 15" 3''', Breite 10" 3'''.

Ist das 6. Blatt der Folge *Duces Burgundiae* Siehe die Anmerkung 1. c.

I. Vor der Nummer.
II. Mit der Nummer 6 unten in der Mitte ausserhalb des Stichrandes.
III. Die Nummer 6 ist herausgenommen.

53. Maximilian I.
Deutscher Kaiser.

Oval von einem Adler mit ausgespannten Flügeln gehalten, der im Schnabel das österreichische Wappenschild, und mit dem Fange eine Kugel hält, von Fruchtgehängen umgeben. Der Kaiser in Vorderansicht etwas gegen rechts gewendet, ohne Bart, das Haar schlicht herabhängend,' im Pelzmantel, auf dem Kopfe ein Barett, auf der Brust die Ordenskette des goldenen Vliesses.

Die Aufschrift im untern Schilde ist zweizeilig und lautet: *Maximilianus, Dei gratia Imperator femper Augustus | Archidux Auftriæ, Dux Burgundiæ . et Belgarum Princeps.* Darunter links: L. *Van Leyden Pinxit*, tiefer unten: P. *Soutman Effigiauit et Excud* rechts: J. *Suyderhoef Sculpxit* und darunter *Cum Priuil Sa. Cæ M.*

Höhe 15" 3''', Breite 10" 2'''.

Ist das 5. Blatt der Folge *Duces Burgundiae*. Siehe die Anmerkung 1. c.

I. Vor der Nummer.
II. Mit der Nummer 5 unten ausserhalb des Stichrandes in der Mitte.
III. Mit der herausgenommenen Nummer. Man bemerkt die Spuren einer dagewesenen Zahl.

54. Maximilian.
Erzherzog von Oesterreich.

Oval von Fruchtgehängen umgeben. Der Kopf in Vorderansicht gegen rechts gewendet, mit Schnurr- und Knebelbart. Das Haupthaar ist schlicht, die Halskrause einfach, das schwarze Sammtgewand knapp anliegend, vorne mit einer dichten Reihe von Knöpfen besetzt. Quer über die Brust hängt eine Kette mit dem deutschen Ordenskreuze. Dasselbe Ordenszeichen gewahrt man auch auf dem um die Schultern geworfenen und mit Pelzwerk gefütterten Mantel.

Die dreizeilige Unterschrift in dem ovalen Schilde lautet: *Maximilianus Archidux Austriæ, Dux Burgundiæ §. | Serenissimus, Teutonici Ordinis Supremus | Commendator.* Darunter links: P. P. *Rubens Pinxit* P. *Soutman Effigiauit et Excud* rechts: J. *Suyderhoef Sculpsit* und noch tiefer unten etwas gegen rechts: *Cum Priuil. Sa. Cæ. M.*

Höhe 14" 9''', Breite 10".

Ist das 16. Blatt der Folge *Ferdinandus II et III*. Siehe die Anmerkung 1. b.

I. Vor der Nummer.
II. Mit der Nummer 16.

55. Johann de Mey.

Brustbild in einem Oval auf einem Postamente im dunklen Hintergrunde gegen links gewendet, fast in Vorderansicht. Das Haar ist kurz gehalten, ebenso der kaum merkbare Schnurr- und

Knebelbart. Den Kopf deckt ein rundes Käppchen. Der mässiggrosse Halskragen ist glatt und herabhängend, der Mantel um die Achseln geworfen. Die rechte Hand ruht auf der Brust. Die Umschrift des Ovals lautet: IOANNES DE MEY ECCLESIÆ MEDIOB. PASTOR. MED. DOCT. SCHOLÆ CURATOR ET CATECHISTA. A° DOM. 1660 ET ÆT. 44.

Auf der oberen Fläche des Postaments links: *C. Erlesdijck pinxit*, rechts: *Suyderhoef Sculpfit*. Darunter auf der senkrechten Fläche zwei Disticha, ein lateinisches und ein holländisches. Sie beginnen mit: Spirantes cernis, und endigen mit: *En pen u geven*.

Höhe 6" 5''', Breite 4" 9'''.*

Der richtige Name des Malers ist *C. Eversdyck*.

56. Zacharias de Mez.

Nagler erwähnt dieses Blatt mit folgenden wenigen Worten: *Zacharias de Mez, Suyderhoef sc.* S. Fied. *Müller (Beschrijven de Catalogus van 7000 Portretten van Nederlanders. Amsterdam 1853)* giebt an, dass es der Bischof *Zacharias de Mez* von *Tralles* sei, gest. 1661 oder 62, Kniestück, im Ornat an einem Tische, worauf das Crucifix. Oben sein Wappen mit dem Cardinalshut. fol. *Müller* scheint es noch eher für ein Blatt von *C. Visscher* zu halten und führt ein kleineres Blatt an in kl. fol., zu einem Buche, das denselben Bischof darstellt, jedoch mit Buch in der Hand, im Hintergrund eine Kirche. Mit 6 lat. Zeilen und einem Probedruck desselben vor aller Schrift.

Jedenfalls ist das Blatt sehr zweifelhaft.

57. Franz Moncada.

Oval von Fruchtgehängen umgeben. Der General in voller Rüstung mit breitem glatten Halskragen. Der Kopf in Vorderansicht etwas weniges gegen links gewendet, das schlichte Haar aus der Stirne gestrichen, Schnurr- und Knebelbart zierlich.

Die dreizeilige Unterschrift lautet: *Franciscus de Moncada, Marchio De Aytona, Comes de ossona | Illustrissimus et excellentissimus, in Prouincijs Belgicis | Terrâ, Mariq, Belli et Pacis summus Prefectus*

Darunter die Worte, links: Ant. *Van Dyck Pinxit* | P. *Soutman Effigiauit et Excud Cum Priuil S. C. M.*, rechts: J. *Suyderhoef Sculpxit*

Höhe 14" 11 ''', Breite 10" 1'''.

Ist das 21. Blatt der Folge *Ferdinandus II. et III.* Siehe die Anmerkung 1. b.

1. Mit dem kleinen *f* in dem Worte *franciscus*. Die Linien zu

den Zeilen der Unterschrift sind deutlich sichtbar, die Abdrücke kräftig und von grosser Wirkung. Die Nummer fehlt.
II. Mit der Nummer 21.

58. Moritz von Nassau.

Brustbild in Vorderansicht gegen links, in einem Oval von Genien und Trophäen, oben mit dem Nassauischen Wappen und dem Motto: HONI SOIT QUI MAL Y PENSE. Das Haar ist schlicht, etwas gelockt, der Schnurrbart sehr klein, der Kinnbart jedoch bedeutend grösser. Die Unterschrift in dem untern leeren Raum innerhalb des Ovals lautet: MAURITIUS NASSAVIUS, PRINCEPS | AURIACUS, etc. Darunter die Zahl 6. In den vier Ecken sind oben ein Eichenkranz und eine Schiffskrone, unten eine Mauerkrone und ein Lorbeerkranz nebst Palmzweigen angebracht. Ganz unten am Rande links: P. *Soutman Inuen. Effigiavit et Excud. Cum Priuil*, rechts: I. *Suiderhoef Sculp*,

Höhe 16" 2"', Breite 13" 3"'.*

Ist das 6. Blatt der Folge *Comites Nassaviae*. Siehe die Anmerkung 1. d.

I. Vor der Nummer.
II. Mit der Nummer 6 unterhalb der Unterschrift.

59. Edo Neuhus.

Brustbild in einem Oval, gegen links gewendet, ohne Kopfbedeckung. Das Haar ist schütter, der Bart, der das Gesicht rings umgiebt, stark und lang, die dreitheilige gefaltete Halskrause sehr hoch. Die Kleidung besteht aus dem Untergewande und einem Pelzmantel. Die Umschrift lautet: EDO NEUHUSIUS GYMNASIARCHA LEOWERDIANUS ÆTATIS LVIII. PROVINCIÆ LITT. XXXI. OBIIT VII MARTII CIƆIƆCXXXVIII. Oberhalb des Ovals steht sein Motto: NON VIDI DERELICTUM IUSTUM. Unten zur rechten Seite des Ovals der abgekürzte Name des Stechers J. S. *sculp*.

Im Unterrande der Platte steht ein achtzeiliges lateinisches Gedicht. Es beginnt mit dem Verse: NEUHUSII *facies hæc est. nihil addimus ultra*. und schliesst mit den Worten: *Versibus esse parem*. Darunter in der Ecke rechts die Worte: P. *à* DOMA, *JC. Frif. Ordd. Rationarius*.

Höhe 7" 10"', Breite 5" 7"'.

60. Reiner Neuhus.

Brustbild in Vorderansicht, etwas gegen rechts gewendet, in einem Oval, das Haar ziemlich lang, Schnurr- und Knebelbart mässig gross, der Halskragen glatt und spitz, der Rock vorne mit einer engen Reihe von Knöpfen besetzt, der Mantel auf den Achseln ruhend.

Die Unterschrift im weissen Unterrande lautet: REINERUS NEUHUSIUS. IC. | GYMN. ALCM. RECT. Darunter links: *V. Bergh del. pinxit* rechts: *J. Suyderhoef sculp.*

Höhe 4" 9''', Breite 2" 6'''.

61. David Nuyts.

Brustbild in Vorderansicht, etwas gegen links gewendet, im Mantel, ohne Kopfbedeckung, mit kurzem Haar, Schnurr- und Kinnbart, und einer hohen gefalteten Halskrause.

Im Unterrande steht die Unterschrift: OP HET AFBEELT VAN D'HEER DAVID NVYTS. Dann folgt ein holländisches Gedicht von acht Zeilen. Es beginnt mit: *Hier fiet*, und endigt mit: *foo veele NVYTSEN gaff.* Zur Linken dieses Gedichts liest man: GEBOREN TOT ANTWERPEN | ANNO 1568. zur Rechten: GESTURVEN INDEN HAGE DEN | 24 SEPTEMBER ANNO 1631. Ganz unten in der Ecke links: *J. Suyderhoef Sculpfit.*

Höhe 13" 10''', Breite 10".

Dieses Blatt ist ebenso schön als selten. Das Exemplar der k. Sammlung zu Paris wurde nach *Duchesne* mit 120 Fr. bezahlt und stammt aus dem Cabinet *de Jonghe* in *Rotterdam*.

I. Mit der Angabe der Legate im Unterrande.
II. Diese ausgethan, nicht ohne Zurücklassung von Spuren und mit verändertem Gedicht.

62. Magdalena Nuyts.

Brustbild in Vorderansicht, gegen rechts gewendet, ein Seitenstück zu dem vorhergehenden. Das Haar ist aus der Stirne gestrichen und von einer Haube gedeckt, deren oberster etwas verlängerter Theil sich tief auf die Stirne herabsenkt und dieselbe mit ihrem äussersten Rande berührt. Die steife Halskrause ist gross und ziemlich eng gefaltet. Das Kleid von schwerem gemustertem Stoffe ist auf der Brust eng anliegend, die offenen Doppelärmel mit Bändern zusammengebunden.

Die Höhe war nicht zu ermitteln, die Breite beträgt 10" 1'''.

In dem Exemplare der Hofbibliothek fehlt der Unterrand, in dem die Schrift steht; übrigens dürfte dieses Blatt mit dem vorhergehenden gleiche Dimensionen haben, nämlich 13" 10''' Höhe und 10" 1''' Breite. Das erwähnte Exemplar ist von höchster Schönheit, der Plattenrand nicht gereinigt. Ein solcher Abdruck vor der Schrift galt bei *Verstolk van Soelen* im Jahre 1851 67 holl. Gulden, und bei *de Graaf* f. 60 — es ist das seltenste von allen Blättern des Meisters.

63. Philipp I.
Der Schöne, Herzog von Burgund.

Oval von Fruchtgehängen umgeben. Der Kopf in Vorderansicht ist gegen links gewendet, das Haar herabhängend und etwas gelockt. Das Haupt deckt ein Barett mit einer Agraffe von Perlen und Edelsteinen auf der Seite. Auf der Brust hängt die Ordenskette des goldnen Vliesses, um die Schultern der Pelzmantel. Die dreizeilige Aufschrift im untern ovalen Schilde lautet: *Philippus. I. Dictus Pulcher Rex Castiliæ et | Legionis etc. Archidux Austriæ, Dux Burgundiæ, | et Princeps Belgarum Potentissimus et Serenissimus* Darunter die Worte, links: P. *Soutman effigiauit* darunter *et excud* in der Mitte: *Cum Priuil Sa. Cæ. M.* und rechts: J. *Suyderhoef Sculpsit*

Höhe 15" 1''', Breite 10" 3'''.

Ist das 8. Blatt der Folge *Duces Burgundiae*. Siehe die Anmerkung 1. c.

I. Vor der Nummer.
II. Mit der Nummer 8 unten in der Mitte ausserhalb des Stichrandes.
III. Die Nummer 8 ist herausgenommen.

64. Philipp II.
König von Spanien.

Oval von Fruchtgehängen umgeben. Der König in Vorderansicht gegen links gewendet, trägt ein schwarzes Kleid, auf dem Kopfe das spanische Barett mit einem Edelsteinschmuck. Der volle Bart ist kurz gehalten, die Halskrause schmal, auf der Brust am schmalen Bande hängt das Ordenszeichen des goldnen Vliesses.

Die dreizeilige Unterschrift lautet: *Philippus II Catholicus, Hispaniarum Rex | Et Indiarum Nouiq̃ Orbis Monarcha | Potentissimus.* Unten links: *Ant Moro Pinxit* rechts: *J. Suyderhoef Sculpxit* und eine Zeile tiefer: *P. Soutman Effigiauit et Excud Cum Priuil. S. C. M.*

Höhe 14" 11''', Breite 10" 1'''.

Ist das 10. Blatt der Folge *Duces Burgundiae*. Siehe die Anmerkung 1. c.

I. Vor der Nummer.
II. Mit der Nummer 10 unten in der Mitte ausserhalb des Stichrandes.
III. Die Nummer 10 ist herausgenommen.

65. Philipp III.
König von Spanien.

Oval mit Fruchtgehängen. Der König in der Rüstung trägt einen gefalteten Halskragen und auf der Brust die Ordenskette des goldenen Vliesses. Der Kopf in Vorderansicht ist gegen links gewendet, das Haar kurz und zurückgestrichen, Schnurr- und Knebelbart klein.

Die zweizeilige Unterschrift lautet: *Philippus III Catholicus Hispaniarum Rex et Indiarum* | *Nouiq₃ Orbis Monarcha Potentissimus.* Darunter links: *P. Soutman Effigiauit* | *Et Excud Cum Priuil Sa. Cæ. M.* rechts: *J. Suyderhoef Sculpsit*

Höhe 15", Breite 10" 3'''.

Ist das 11. Blatt der Folge *Duces Burgundiae*. Siehe die Anmerkung l. c.

I. Vor der Nummer.
II. Mit der Nummer 11 unten in der Mitte ausserhalb des Stichrandes.
III. Die Nummer 11 ist herausgenommen.

66. Octavio Piccolomini.

Brustbild in einem Oval gegen rechts gewendet. Der Feldherr hat dichtes, schwarzes, krauses Haar und trägt Schnurr- und Knebelbart wohl gepflegt. Den Körper deckt die Rüstung. Der grosse Halskragen ist glatt, und am Rande gestickt. Man bemerkt übrigens auf der Brust den Orden des goldnen Vliesses, und am linken Arme die Feldbinde. Im Unterrand findet man die vierzeilige Unterschrift, welche mit den Worten: *Don Otavio Picolomini de Aragona*, beginnt und mit *nelli Paesi Bassi. etc.* endet. Neben derselben links steht *Francis. Lucx.* | *Van Luczensteyn* | *Pinxit.* und darunter *Petr. Soutman* | *Inuenit effigiauit* | *et excud.* Auf der rechten Seite: *J. Suyderhoef* | *Sculp.*

Höhe 15" 6''', Breite 11" 3'''.

67. Franz Plante.

Brustbild gegen links gewendet, ohne Kopfbedeckung, mit grossem glattem Halskragen und zierlichem Schnurr- und Knebelbart. Er ist in einen Mantel gehüllt, den er mit der linken Hand auf der Brust zusammenhält. Im Unterrande steht die Unterschrift Franciscus Plante. Dann folgt in drei Absätzen ein zwölfzeiliges lateinisches Gedicht. Es beginnt mit: *Nil agis hic pictor*, und endet mit *vivida fama manet.* Darunter ganz am Rande steht links: *D. D. Santvoort pinxit* In der Mitte der Name des Dichters GEORGIUS CORVINUS | *Profeſſor Herbornenſis.* und rechts: *Jonas Suyderhoef Sculp.*

Höhe 13" 6'", Breite 8" 9'".

Gehört zu dem Werke *Francisci Plante Mauritiados libri XII. h. e. Rerum ab illustr. heroe Joa. Mauritio Comite Nassoviæ etc. in Occid. Indid gestarum descriptio poetica. Lugd. Bat.* 1647. *fol.* mit dem Portrait des Grafen *Moritz* von *Nassau* von *T. Matham,* dem Portrait von *F. Plante* nach *Santvoort* von *J. Suyderhoef* und den 13 geistreich radirten Blättern vom Maler *P. Post.* Vollständige Exemplare kommen selten vor.

68. Franz Post.

Brustbild gegen links gewendet, mit schwachem Schnurr- und Knebelbart und dichtem, etwas gelocktem Haar, einem spitzigen Hut mit breiter Krempe auf dem Kopfe und glattem herabhängenden Halskragen. Er sitzt nachlässig auf einem Sessel mit niederer Rücklehne, und stützt sich mit dem linken Arm auf die Seitenlehne des Stuhls. Der Mantel ist um den Rücken und die rechte Achsel geworfen.

Höhe 8" 4'", Breite 10" 2'". *

I. Vor der Schrift.
II. Mit der Schrift.

In dem prachtvollen Exemplare der *Albertina* steht im schmalen Unterrande mit vergilbter Tinte geschrieben: *François Post, Peinctre de prince Mauriti Gouverneur des Indes Occidentales.*

Dieses Blatt I. wurde bei *J. L. van der Dussen* mit 28 und bei *Verstolk van Soelen* mit 29 Gulden bezahlt.

69. Godard van Rede.

Brustbild in einem Oval, in Vorderansicht etwas gegen links gewendet, mit langem schlichten Haare, Schnurr- und Knebelbart, im schwarzen Sammtkleide mit gesticktem Halskragen.

Die sechszeilige Unterschrift im Unterrande lautet: *Godartus a Rede, Dominus Nederhorstii | Vredelandiæ, Cortenhufii, Overmerii, Horſtguartiæ, | in Concilio Ordinum Generalium nomine Ordinis | Equeſtris et Nobilium Provinciæ Vltrajectinæ | Aſsessor et ejusdem nomine in conventu | Monasterienſi Legatus Plenipotentiarius.* Ganz unten am Rande: *J. Suyderhoef Sculp.*, rechts: *A. v. Waelberge excu,*

Höhe 7" 7'", Breite 4" 9'".

I. Vor der Adresse.

II. Mit der Adresse *A. v. Waefberge excu,*
III. Mit der Adresse *Romb. v. d. Hoye exc.*

70. Renatus von Nassau.

Brustbild im Profil gegen links gewendet, in einem Oval, dessen Einfassung ein mit Genien, Trophäen und Waffen reich verzierter Rahmen bildet, an dem oben das nassauische Wappen mit der Ordenskette des goldnen Vliesses angebracht ist, und in den vier Ecken ausserhalb des Ovals Lorbeerkränze und Palmzweige und rechts oben eine Mauerkrone den Raum ausfüllen; das dunkle Haar ist glatt und kurz, der Bart um Kinn und Backen sehr schütter und gleichfalls kurz. Das eng anliegende Gewand ist mit Knöpfen besetzt, die stehende Halskrause sehr niedrig, der Unterärmel von lichtem Stoffe. Um den Hals hängt die Ordenskette des goldnen Vliesses.

Unterhalb des Brustbildes, jedoch noch innerhalb des Ovals, steht die zweizeilige Unterschrift: RENATUS NASSAVIUS DE CHALON PRINCEPS | AURIACUS, etc. Dann ganz unten in der Mitte die Nummer 3, endlich ausserhalb des Ovals ganz unten links: *P. Soutman Inven.* und daneben etwas mehr gegen die Mitte zu *Effigiavit et Excud:* rechts: *Cum Privil. J. Suiderhoef Sculp.*

Höhe 16" 3''', Breite 13" 3'''.

Ist das 3. Blatt der Folge *Comites Nassaviae.* Siehe Anmerkung 1. d.

I. Vor der Nummer.
II. Mit der Nummer 3 unterhalb der Unterschrift.

71. Jacob de Reves.

Brustbild gegen links gewendet, mit Schnurr- und Knebelbart. Den Kopf deckt ein rundes Käppchen, den Hals der glatte Kragen. Der Körper ist in einen Mantel gehüllt, hinter dem die Finger der rechten Hand verborgen sind. Im Hintergrunde über dem Kopfe liest man das Motto: VINCAT AMOR CHRISTI. links F. *Hals Pinsit* und darunter *J. Suyderhoef sculp.*

Im Unterrande steht die Unterschrift: IACOBUS REVIVS SS. THEOL. D. ET COLLEG. THEOL. ILL. ORDD. HOLL. ET WESTFRIS. PRÆFECT[9]. und darunter ein sechszeiliges lateinisches Gedicht in drei Absätzen. Es beginnt mit: *Quem coeli illustrat fapientia,* und endet mit: *tali Revivs ore fuit.* Ganz am Rande rechts die Worte: *Daniel Heinsius.*

Höhe 12" 2''', Breite 8" 11'''.

I. Mit den Worten *A. v. Dyk Pinsit*
II. Mit den Worten *F. Hals Pinsit*

Ein Exemplar des I. Standes von vorzüglicher Schönheit bewahrt die *Albertina.* Es stammt aus *Frank's* Sammlung.

72. Andreas Rivet.

Brustbild in einem Oval etwas nach links gewendet. Ein rundes Sammtkäppchen deckt das Haupt, der Schnurrbart ist an den Enden etwas in die Höhe gestrichen und der Knebelbart läuft spitzig zu. Den Hals deckt ein glatter Kragen, den Körper ein übereinander geschlagener und mit Sammt besetzter Mantel. Das Oval enthält als Umschrift sein Motto: NON HIC SITAM HABEMUS. FUTURAM INQUIRIMUS. $AH\Lambda\Omega\Sigma$. KAI $\Sigma A\Phi\Omega\Sigma$. Am untern Ende des Ovals steht links: P. *Dubordieu pinxit,* und rechts: J. *Suyderhoef sculp.* Im untern Plattenrande findet man in sechs Zeilen die Unterschrift: *ANDREAS RIVETUS PICTO SAMMAXENTINUS, ANNIS XXV IN PATRIA PROVINCIA EC,, | CLESIASTES THOARSENSIS: EXINDE ANNIS XII SS. THEOLOGIÆ DOCTOR ET | PROFESSOR IN CELEBERRIMA LUGDUNENSI BATAVORUM ACADEMIA | ORDINARIUS. POST HONORARIUS. ET PRIMÆ EDUCATIONI CELSISSIMI PRIN,, | CIPIS GULIELMI AURIACI PRÆFECTUS. NUNC ILLUSTRIS SCHOLAE ET COLLEGII | AURIACI BREDÆ CURATOR RESIDENS. AN. ÆTATIS LXXV.* cI‫כ‬. I‫כ‬. c. XLVII. Darunter in der Mitte *Cornelus Banheinningh excud.*

Höhe 12" 2''', Breite 8" 4'''·

I. Vor aller Adresse.
II. Mit der Adresse *Cornelus Banheinningh excud.*
III. Mit der Adresse *C. Allard excud.*

73. Johann van Rouberg.

Brustbild in einem Oval auf einem Postamente gegen rechts gewendet, mit langem, dichtem und gelocktem Haar, mit Schnurr- und kaum merklichem Knebelbart, in schwarzem Gewande und Mantel, mit einem glatten Halskragen und einem Käppchen auf dem Kopfe. Den Hintergrund bildet ein Vorhang. Die Rundschrift des Ovals lautet: OP DE AF-BEELDING VAN DE HEER BURGERMEESTER IOHAN VAN ROUBERG. Oben auf dem Postamente liest man die Worte: W. *Everdlyck pinxit.* J. *Suyderhoef sculp.* Darunter auf der senkrechten Fläche desselben stehen zwei holländische Verse. Sie beginnen mit *Dit's d'afdruk* und enden mit *Gemeene Besten.* Rechts in der Ecke die Buchstaben *J. V. H.*

Höhe 7" 8''', Breite 5" 7'''.

Der Katalog *Verstolk van Soelen* No. 1369 erwähnt eines I. und II. Standes, ohne jedoch die Unterschiede anzugeben.

74. Claudius Salmasia.

Brustbild in Vorderansicht, etwas gegen links gewendet, im Mantel und glatten, am Rande gestickten Halskragen mit zwei Quasten. Das Kleid ist unter der Brust aufgeknöpft; das etwas gelockte Haar hängt frei herab. Schnurr- und Knebelbart sind mässig gross. Zur linken Seite des Kopfes liest man *N. Van Negre* und darunter *J. Suyderhoef Sculp.* Im Oberrande findet man den Namen CLAUDIUS DE SALMASIA. Im Unterrande steht in zwei Absätzen ein achtzeiliges lateinisches Gedicht. Es beginnt mit: GALLIA *quo nuper,* und endet mit *Circulus orbis erit.* Ganz unten am Rande findet man, links: LUGD. BATAU. EXCUDER. JOAN. MAIRE. in der Mitte die Jahrszahl cIɔ Iɔcxli. und rechts den Namen des Dichters C. BARLAEVS.

Höhe 15" 6‴, Breite 11" 3‴.

75. Claudius Salmasia.

In halber Figur, stehend, gegen rechts gewendet, im übergeworfenen Mantel. Sein Haupt ist unbedeckt, das Haar lang und herabhängend. Der Schnurr- und Knebelbart kaum bemerkbar, der Halskragen glatt, der linke Arm auf eine Balustrade gestützt und die rechte Hand, mit deren Zeigefinger er vor sich hindeutet, halb erhoben.

An den Säulen der Rückwand die Worte: REGUM ÆQUABAT OPES ANIMIS. Im Hintergrunde gewahrt man eine Statue nebst einer Pyramide. Im Unterrande steht die Unterschrift: CLAVDIVS A SALMASIA, und darunter rechts: *J. Suyderhoef. sculp.*

Höhe 8" 7‴, Breite 6" 5‴.

Kommt auch auf der Rückseite des vierten Blattes in folgendem Werke vor: *Claudii Salmasii viri maximi epistolarum liber primus ... Accurante Antonio Clementio. Lugduni Batavorum ex typographia Adriani Wyngaerden.* 1656. 4°.

76. Johann Schade.

Ganze Figur bis an die Knie, gegen links gewendet, in einem Lehnsessel sitzend. Den Kopf deckt das runde Käppchen, Schnurr- und Knebelbart sind kurz gehalten. Der Halskragen ist glatt und herabhängend und das Obergewand mit geschlitzten herabhängenden Aermeln bis an den Hals hinauf zugeknöpft. Beide Arme ruhen auf der Sessellehne; die linke Hand umfasst das runde Ende derselben, die rechte ist etwas in die Höhe gehoben. Er sitzt vor einem mit Tuch bedeckten Tische und scheint in einem Buche gelesen zu haben, das geöffnet an das Postament eines

Crucifixes gelehnt ist. Auf demselben Tische sieht man noch drei andere Bücher auf einander gelegt. Hinter dem Sitzenden zur rechten Seite des Blattes bemerkt man einen Mauervorsprung mit einem Wappenschilde.

Im Unterrande steht die achtzeilige Unterschrift: ADMODVM R.DVS ET AMPLISSIMVS DNVS | D. IOANNES SCHADE VLTRAJECTI- NVS. | SACRÆ THEOL. LICENTIATVS etc. | VIR. INGENIO NEMINI SECVN- DVS. PHILOSOPHIÆ LAVREA OMNIVM PRIMVS. | STVDIOSORVM MECOENAS LIBERALISSIMVS. ET JVRIS TAM ECCLESIASTICI QVAM DIVINI PERITISSI- MVS. | DVM SINGVLARIS EXEMPLO PIETATIS LVCET. AMORE IN DEVM ET PROXIMOS ARDET. MAXIMOSQVE PRO ECCLESIA | LABORES SVSTINET. CVNCTIS LVGENTIBVS DIEM OBIT IV. SEPTEMBRIS | ANNO SERVATORIS NATI MDCLXV. ÆTAT. LII. Darunter links: H. *van Vliet pinxit.* und rechts *Jonas Suyderhoef sculpsit.*

Höhe 16" 8''', Breite 11" 5'''.

77. Theodor Schrevel.

Brustbild in einem Oval gegen links gewendet mit schütterem zurückgestrichenem Haar, blossem Kopf, Schnurr- und langem Kinnbarte, der über die grosse Halskrause herabhängt. Er ist in einen Pelzmantel gehüllt und hält mit der rechten Hand einen Octavband, in den er zur Bezeichnung einer Stelle seinen Zeige- finger gelegt hat.

Die Umschrift lautet: THEODORVS SCHREVELIVS GYMNASIARCHA HAR- LEMENSIS *EXΘPΩN AIΩPA IΩPA.* Unten zur Linken des Ovals liest man F. *Hals Pinxit* in der Mitte: *Cornelius Banheinningh excudit* und rechts: *J. Suyderhoef Scu.*

Im Unterrande des Blattes steht ein achtzeiliges Gedicht. Es beginnt mit den Worten: *Tunc pinxifse virum,* und schliesst mit dem Verse: *Otia iam Superos felsa (enecta rogat.* Darunter rechts in der Ecke: *C. Barlœus.*

Höhe 8" 1''', Breite 5" 6'''.

I. Vor aller Adresse.
II. Mit der Adresse *Cornelius Banheinningh excudit.*
III. Mit der Adresse *H. Focken excudit.*

78. Anna Maria Schurman.

Brustbild gegen rechts gewendet. Sie sitzt in einem mit Pelzwerk gefütterten und verbrämten Mantel an einem Tische und hat die rechte Hand auf ein geöffnetes Buch gelegt, in dem sie liest. Das zurückgestrichene Haar fällt an den Schläfen in Locken herab. Den Kopfputz bildet eine um den Zopf geschlungene Per- lenschnur.

Im Unterrande steht die Unterschrift ANNA MARIA A SCHURMAN. Dann folgt ein vierzeiliges lateinisches Gedicht. Es beginnt mit *Divini pictoris opus*, und endet mit *cum decimaqз novem*. Darunter stehen die Worte, links: *Joannes Liuius pinxit.* in der Mitte: *Daniel Heinsius ex tempore.* und rechts: *Jonas Suyderhoef fculpsit.* noch tiefer gegen die rechte Seite zu ganz am Rande *C. Banheinningh excud.*

Höhe 13" 1''', Breite 9" 6'''.

I. Mit der Adresse *C. Banheinningh excud.*
II. Mit der Adresse *Hugo Allardt excud.*

79. Caspar Sibel.

Halbe Figur gegen links gewendet, sitzend, im Predigergewande, mit dem runden Käppchen und einer Halskrause. Er trägt den vollen Bart und scheint eben in einem Vortrage begriffen zu sein, denn der Mund ist halb geöffnet und die linke Hand hält ein geöffnetes Buch, während die rechte wie zur Erklärung etwas erhoben ist. Im Hintergrunde zur linken Seite des Kopfes liest man: *Ætatis* 48 | *aº* 1637

Die Unterschrift im Unterrande lautet: CASPARVS SIBELIVS | SS. *Ministerio functus Randeradii Annos II. Juliaci VI. Daventriæ XX.* Dann folgt in drei Absätzen ein sechszeiliges Gedicht. Es beginnt mit: *Ecce Virum Belgis* und endigt mit: *tu pie Belga, cole.* G. S. Ganz unten links steht *F. Hals Pinxit* und rechts *J. Suyderhoef Sculpsit.*

Höhe 11", Breite 8" 6'''.

80. Caspar Sibel.

In halber Figur, sitzend, gegen rechts gewendet, im Predigergewande, mit Vollbart, Halskrause und Käppchen. Er hält mit der rechten Hand ein geöffnetes Buch, während die linke etwas erhoben ist. Rechts im Hintergrunde findet man die Worte *Ætatis* 53 *Aº* 1642. Die Unterschrift im Unterrande lautet: *CASPARYS SIBELIVS S. Ministerio functus Randeradii Annos II Juliaci VI Daventriæ XXV* dann folgt das sechszeilige Gedicht. Es beginnt mit: *Ecce Virum, Belgis* und endigt mit: *tu pie Belga, cole.* Ganz unten links *F. Hals Pinxit.* in der Mitte *G. S.* und rechts *J. Suyder-hoef Sculpfit.*

Höhe 7" 5''', Breite 4" 6'''.

Es ist auch zu einem Buche verwandt worden, man sieht lateinischen Text auf der Rückseite.

I. Ohne Adresse.
II. Mit der Adresse *Tangena excud.*

81. Sigmund III.
König von Polen.

Oval von Fruchtgehängen umgeben. Der König in Vorderansicht ist etwas weniges gegen links gewendet, im Krönungsornate, mit der Krone auf dem Haupte, und trägt Schnurr- und Knebelbart. Der liegende Halskragen ist am Rande gestickt. Auf der Brust sieht man die Ordenskette des goldnen Vliesses. Unten in einem Ovale steht die zweizeilige Unterschrift: *Sigismundus III. Poloniæ et fueciæ Rex | Serenissimus et Potentissimus* darunter links: *P. Soutman Pinxit Effigiauit et Excud | Cum Priuil. Sa. Cæ. M.* rechts: *J. Suyderhoef Sculpxit.*

Höhe 14″ 11‴, Breite 9″ 11‴.

Ist das 8. Blatt der Folge *Ferdinandus II et III.* Siehe Anmerkung 1. b.

I. Vor der Nummer.
II. Mit der Nummer 8.

82. Noach Smaltius.

Brustbild gegen links gewendet, ohne Kopfbedeckung, mit langem Haar, schwachem Schnurrbart und einem vorne herabhängenden glatten Halskragen mit zwei Quasten. Unter dem übergeworfenen Mantel sieht die linke auf die Brust gelegte Hand hervor. Im Hintergrunde am Postamente der Säule liest man die Worte *J. Tho Pas. pinxit.*

Im Unterrande steht die zweizeilige Aufschrift: M · NOACH SMALTIUS CHIRURGYN. EN | OPERATEUR DER STADT HAERLEM. ÆT. XXXIX. Darunter ein holländisches Gedicht von acht Zeilen in zwei Absätzen. Es beginnt mit: *'t Graaf yser,* und endet mit *lof de STEENEN spreecken.* Noch tiefer unten findet man die Worte, links: *W. v. Heemkerck* in der Mitte: *J. Suyderhoef sculp.* 1668. rechts: *W. v. Nieuwenhuysen. A. L. M.*

Höhe 11″ 8‴, Breite 8″ 2‴.

83. Friedrich Spanheim.

Stehend, etwas gegen links gewendet, mit starkem Schnurr- und kurz verschnittenem Kinn- und Backenbart, in das schwarze Doctorgewand gehüllt, so dass man weder Arme noch Hände gewahr wird. Der Blick ist ernst, das Haar schlicht und etwas zurückgestrichen. Den Kopf deckt ein Sammtkäppchen und den Hals ein glatter weisser Kragen, der von dem dunklen Gewande grell absticht. Der Hintergrund ist dunkel gehalten.

Ganz oben längs der Randlinie steht sein Motto: SEMPER FA-
CIENDUM, QUOD FACTUM VELLEMUS NOVISSIME. Unter dem Bildnisse
liest man die zweizeilige Unterschrift: FRIDERICUS SPANHEMIVS S. S.
THEOL. DOCTOR ET PROFESSOR PRIMO IN GENEUENSI | POST IN LVGDV-
NO BATAVA ACADEMIA, EIVSDEMQVE P. T. RECTOR ÆTAT. XLVII. A°.
cIɔ Iɔcxlvii. Dann folgt ein lateinisches Gedicht von 16 Zeilen
in zwei Absätzen, welches mit den Worten: *Non satis est, divina
loqui,* beginnt, und mit dem Verse: *Hic Pacis vultus, hic Pietatis
habes.* endigt.

In der Mitte derselben unten findet man den Namen des
Dichters c. BARLÆVS, und darunter in sehr kleinen Charakteren
die Worte, links: P. *Dubordieu pinxit,* und rechts: J. *Suyderhoef
fculp.* Dann daneben noch weiter zur Rechten: C. *Banheinningh
excud.*

Höhe 12" 4'", Breite 8" 3'".

I. Mit der Adresse *C. Banheinningh excud.*
II. Mit der Adresse *J. Allardt excudit.*
III. Mit der Adresse *J. Tangend Excudit.*

84. Eleazar Swalm.

Halbe Figur in Vorderansicht, etwas gegen rechts geneigt.
Er sitzt in einem Lehnstuhle. Das Haupthaar ist kurz und
mit einem Käppchen bedeckt. Der Schnurr- und dichte Kinnbart
ist seiner ganzen Länge und Breite nach sichtbar, so dass nur
rechts und links die Halskrause etwas hervortritt. Er hat einen
Pelzmantel an, dessen Aermel zum Theil geschlitzt sind. Mit der
rechten Hand hat er das Ende der Stuhllehne erfasst und stützt
sich mit dem linken Arme, dessen Hand wie zur Betheuerung auf
der Brust ruht, auf ein Buch, das neben ihm auf einem Tische
liegt. Den Hintergrund bildet eine Wand mit einer Art von Vertiefung. Im Unterrande findet man ein sechszeiliges holländisches
Gedicht in zwei Absätzen. Es beginnt mit: *Aldus draacht Swalmius een kroon* und endigt mit: *van zyn wacht ontflaat.* Darunter
stehen die Worte, links: *Rembrandt Pinxit. J. Suyderhoef Sculpfit.*
und rechts: P. *Goos Excudit.* H. Geldorpius.

Höhe 12" 2'", Breite 9" 4'".

I. Mit der Adresse *P. Goos Excudit.*
II. Die Platte ist stark beschnitten, der Hintergrund ganz herausgeschliffen und überarbeitet. Sie hat folgende Dimensionen: Höhe
10" 3'", Breite 6" 7'". Von der rechten Hand ist nur mehr der
Daumen sichtbar. Der Stich in diesem Stande stellt den *Swalmius* als
Zeichnung auf einem Blatte Papier vor, das oben mit drei Stiften be-
festigt ist. Die zweizeilige Unterschrift lautet: ELEAZAR SWALMIUS,

Ecclesiastes Harlemensis. Die Randlinie ist doppelt, innen stark und aussen schwach.

85. Eleazar Swalm.

Halbe Figur im Lehnstuhle, in Vorderansicht, gegen links geneigt, im Pelzmantel und Sammtkäppchen, mit der linken Hand die Stuhllehne fassend, mit dem rechten Arm, dessen Hand auf der Brust ruht, auf das Buch gelehnt.

Im Unterrande steht die Unterschrift: ELEAZARVS SWALMIVS, THEOLOGVS ECCLESIASTES AMSTELREDAMENSIS. Darunter ein sechszeiliges holländisches Gedicht in zwei Absätzen. Es beginnt mit: *Aldus draacht Swalmius*, und endet mit: *van zyn wacht ontslaat*. Ganz am Rande die Worte, links: Rembrandt *Pinxit*, in der Mitte: Pieter Goos *excudit* und rechts: *H. Geldorpius*.

Höhe 6" 1''', Breite 6" 2'''.

Ist eine Wiederholung der vorhergehenden Nummer, nur verkleinert und von der Gegenseite.

86. Eleazar Swalm.

Halbe Figur, sitzend und gegen links gewendet, im geistlichen Gewande, mit einem Käppchen auf dem Kopfe. Der Bart ist dicht und hängt über die Halskrause herab; die linke Hand ruht auf der Brust, mit der rechten hält er ein Buch, in das er zur Bezeichnung einer Stelle den Zeigefinger gelegt hat.

Im Unterrande steht ein holländisches Gedicht in zwei Absätzen von je vier Zeilen. Es beginnt mit: *Wie vloeyt so met fijn stem*, und endet mit: *en ruft bij God daer naer*. Darunter die Worte, links: *F. Hals Pinxit* rechts: *J. Suyderhoef Schulp.*

Höhe 11" 9''', Breite 6" 4'''.

Im Katalog *Verstolk van Soelen* No. 1385 kommt dieses Blatt im I. und II. Stande vor und wurde um 34 holländ. Gulden verkauft, ein Unterschied der Stände aber wird nicht angegeben.

I. Vor der Schrift bei *Buckingham*.

87. Maximilian Teelinck.

Brustbild in einem Oval in Vorderansicht, gegen links gewendet, mit schlichtem kurzem Haar und kurz gehaltenem Schnurr- und Kinnbart, im Predigergewande und darüber geworfenem Mantel. Auf dem Kopfe sitzt ein Käppchen, der Halskragen ist glatt und mässig gross.

Die Umschrift des Ovals lautet: MAXIMILIANVS TEELINGIVS PASTOR MEDIOBURGENSIS NATVS XXVI APRIL. MDCII. DENATVS XXVI NOVEM-

ber 1653. Im Unterrande stehen acht holländische Verse in zwei
Absätzen. Sie beginnen mit: *Dus was* teelincks *sedich wefen*, und
enden mit: *van het quaedt*. Am Schlusse die Buchstaben *P. C.*
ganz unten in der Mitte *I. Suyderhoef sculpsit.*

Höhe 10" 8''', Breite 7" 9'''.

88. Tegularius.

Halbe Figur, sitzend, gegen links gewendet, mit dem Käppchen auf dem Kopfe, mit Schnurr- und Knebelbart und enggefalteter Halskrause. Mit der rechten Hand hält er den um die Achseln geworfenen Mantel zusammen, während er die geballte Rechte auf die Brust legt.

Im Unterrande steht in zwei Absätzen ein holländisches Gedicht von acht Zeilen. Es beginnt mit: *Dits'* tegularius, und endet mit: *ons heeden vergenoeghen*. Darunter die Worte, links: *F. Hals pinxit. J. Suyderhoef sculpsit* rechts: *Robbert Tinneken excudit*. und daneben die Buchstaben J. C.

Höhe 12" 9''', Breite 9" 4'''.

89. Cornelius Trigland.

Brustbild in einem Oval in Vorderansicht, etwas gegen links gewendet, ohne Kopfbedeckung, mit gescheiteltem Haare, schmalem Schnurr- und Knebelbart, glatten spitzigen Halskragen, im geistlichen Gewande und Mantel. Die zweizeilige Unterschrift im Unterrande lautet: *Cornelius Triglandius S: S: Theologiae Doctor, Ecclefiae Hagienfis Pastor; | Celsiffimi Principis Araufionensis primae educationi Præfectus, Eidemq3 à facris.* Darunter die Worte, links: *J. Mytens pinxit.* in der Mitte: *J. Suyderhoef sculpfit.* und rechts: *H. Hondius excudit.*

Höhe 13" 6''', Breite 10".

90. Martin van Tromp.

Halbe Figur in einem Oval, stehend, gegen links gewendet. Der Admiral trägt einen schwarzsammtnen Waffenrock, Brust und Hals deckt ein grosser Ringkragen, auf dem die Halskrause aufliegt. Eine schwere Kette mit der Medaille läuft über die linke Schulter und unter der rechten Achsel durch. Der Kopf ist unbedeckt, das Haar sehr kurz geschnitten. Ein Schnurrbart ziert das ernste Gesicht. Das Oval bildet ein Kranz von Eichenblättern, Lorbeer und Schilf, an dessen Spitze zwei Trompeten über einem Lorbeerkranze sich kreuzen. Am untern Ende sieht man ein Schild mit einer Aufschrift und dahinter zwei gekreuzte Kanonen mit einem Gehänge von Meerschnecken und Korallen. In den

vier Ecken des Blattes sind vier grosse Kanonenkugeln und um das Oval herum mehrere brennende Granaten sichtbar.
Die Aufschrift des Schildes lautet: *Martinus Trompius* H. F. | *Hollandiæ et Occidentalis.* | *Frisiæ Rerum Maritimarum* | *Vicepræfectus* Ganz unten am Rande in der Mitte liest man: H. Pot Pinxit J. *Suiderhoef Sculp*

Höhe 15" 2''', Breite 11" 10'''.

Im Katalog *Verstolk van Soelen* kommt unter No. 1400 ein Abdruck mit den Kugeln, und unter No. 1401 einer von der verkleinerten Platte vor. Ersterer aus Fries' Cabinet wurde mit 12 Fl. 30 Xr., letzterer mit 3 holländ. Gulden bezahlt.

91. Conrad Victor.

Brustbild, stehend, gegen links gewendet, im Predigergewande mit der Halskrause, breitkrämpigem Hute, Schnurr- und spitzigem Kinnbarte. In den gefalteten Händen hält er ein Buch.
Die Unterschrift im Unterrande lautet: M : CONRADVS VIETOR VAN AKEN. GEBOREN ANNO 1588. GESTORVEN A°. 1657. | PREDIGER DER CHRIST-LUTERSE GEMEENTE BINNEN HAERLEM 40 JAEREN. Diese zweite Zeile scheint späterer Zusatz zu sein, denn die Schrift ist auffallend klein und gleichsam zwischen die Zeilen hineingezwängt. Dann folgt in drei Absätzen ein sechszeiliges holländisches Gedicht. Es beginnt mit: *Den prenter geeft dit beelt*, und endet mit: *Help God wy met hem erven!* Ganz unten am Rande links: F. *Hals pinxit.* J. *Snyderhoef sculp.*, rechts: J. V. D. *Linden.*

Höhe 11" 9''', Breite 8" 6'''.

92. Adolph Visscher.

Halbe Figur, gegen rechts gewendet, im Priestergewande mit dem weiten Mantel, der von den Achseln herabhängt, mit einem runden Käppchen auf dem Kopfe und glattem herabhängendem Kragen um den Hals. Die Haare sind etwas gelockt, der Schnurrbart kurz gehalten und der Knebelbart kaum sichtbar. Er scheint gerade im Predigen oder im Auslegen einer Schriftstelle begriffen zu sein, denn er steht hinter einem Tische, auf dem ein dickes Buch mit Clausuren geöffnet liegt; die linke Hand ist wie zur Erklärung erhoben, während die rechte, auf dem Buche selbst ruhend, gleich als wollte er es umschlagen, ein Blatt zwischen Daumen und Zeigefinger hält.

Unter dem Bildnisse steht die zweizeilige Unterschrift: M. ADOLPHUS VISSCHER IS GEBOREN MDCV. DEN VI. OCTOBER. GESTORVEN MDCLII. | DEN XVII. NOVEMBER. OUT. ZYNDE XLVII IAAREN, 1 MAANT, X. DAGEN. Darunter befinden sich zwei Gedichte, jedes von sechs

Zeilen. Das zur Linken ist lateinisch, jenes zur Rechten holländisch. Unter dem lateinischen steht das Wort G. *Gentius*, und unter dem holländischen J. *v. Deusbergh*. In der Mitte zwischen diesen zwei Gedichten liest man: J. *Suyderhoef sculp.* und darunter: *Zacharias Webber excud.*

Höhe 11" 4''', Breite 7" 11'''.

93. Gisbert Voet.

Brustbild in einem Oval, gegen rechts gewendet, im geistlichen Gewande, mit dem Käppchen auf dem Kopfe, einem kaum bemerkbaren Schnurr- und Knebelbart und glattem Halskragen. Die Umschrift des Ovals lautet: GISBERTVS VOETIVS PRIMVS IN CELEBERRIMA ACADEMIA VLTRAJECTENSI. S. THEOLOGIÆ DOCTOR ET PROFESSOR. ÆTATIS SVÆ. LI. 1640. Unten links liest man: *H. Troyen* und rechts *Excudebat*. Dann folgt im Unterrande ein vierzeiliges Gedicht. Es beginnt mit: *En tibi Voetiadæ*, und endet mit: *exprimit ipfe fuis.* Ganz unten am Rande stehen die Worte, links: *J. Suyderhoef sculpsit* und rechts: *A. M. d Schurman.*

Höhe 10" 4''', Breite 6" 8'''.

I. Mit der Adresse *H. Troyen Excudebat* und der Jahreszahl 1640 am Ende der Umschrift.

II. Nach den Worten ÆTATIS SVÆ der Umschrift des Ovals steht die Zahl 88. 1616. An der Stelle der obigen Adresse *R. Hoeius Excudebat*. Die Züge der frühern Zahl *LI*, welche in 88 verwandelt wurde, sind noch deutlich sichtbar.

Da *G. Voet* zu *Heusden* den 3. März 1589 geboren am 1. oder 11. November 1676 im 87. Lebensjahre starb, so sollte statt 1616 richtiger die Jahreszahl 1676 stehen.

94. J. Vrechemius.

Im Katalog der dritten Abtheilung des Cabinets *Verstolk de Soelen* vom Jahre 1851 kommt dieses Blatt unter der Nummer 1375 vor. Die nähere Beschreibung fehlt.

Es ist bezeichnet: *Joh. Vrechemius Eccl. Dordr. Pastor. Dus Maelt de Kanst etc. A Ver Veer pinx. in fol.*

95. Franz Wilhelm Graf von Wartenberg.
Bischof von Osnabrück.

Der Bischof in Voderansicht in einem Oval, etwas gegen links gewendet, trägt Schnurr- und Knebelbart; die linke Hand ruht auf einem Tische, während die rechte eben das Kreuz loslässt, das an einem schmalen Bande auf seiner Brust herabhängt.

Die Rundschrift des Ovals lautet: R.^{MUS} ET ILL^{MUS} D. D. FRAN-
CISCVS GVILHELMVS D. G. EPISCOPVS OSNABVRG. MINDENS. AC VERDENS.
etc. S. R. I. PRINCEPS, COMES DE WARTENB. etc.*
Oben in der rechten und linken Ecke sieht man ovale Wappenschilde mit Kronen hängen. Unter dem Ovale befindet sich eine Tafel mit folgender Inschrift:

Heus pictor, cunctos licet experiare colores,
Haud tanti attinges Principis effigiem.
Rectius ut facias, Velum illi appone Timantis,
Sol cerni hic tectus non nisi nube poteft.
Bernh. Rottendorf. D.

Ohne Namen des Stechers.

Höhe 6" 9'", Breite 4" 7'".

Der Katolog *Verstolk van Soelen* führt unter No. 1388 einen I. und II. Stand dieses Blattes an, die zusammen 27 holländ. Gulden galten. Der Unterschied der Stände wird nicht angegeben.

96. Johan Jacob van Wassenaer.

Brustbild gegen links gewendet, in der Rüstung, mit langem Haupthaar und kurzem Schnurr- und Knebelbart. Den Hals deckt ein glatter, am Rande gestickter Kragen und auf der linken Achsel ruht die Schärpe. Links oben sieht man sein Wappen.

Die dreizeilige Unterschrift im Unterrande lautet: Jo : *Jacob van Wafsenaer Heere van Obdam, Heusbroeck, Spierdyck, Suyt | wyck, Kernhem, Schoonouwen. etc. Ritmeester, en Colonel, over een Regiment Ruyteren; Gouver | neur, Drofsaert en Dyck-graef, over de Stadt en Landen van Heusden, &. Admirael van Hollant en West-Vrieslant.* Ganz unten am Rande rechts: Honthorft pinxit. J. Suyderhoef sculp. T. V. Bofch. | excud.

Höhe 15", Breite 11" 7'".

I. Vor der Schrift.
II. Mit der Adresse T. V. Bofch | excud.

Ein Exemplar des I. Standes galt in der Auction *J. L. van der Dussen* 32 holländ. Gulden.

97. Wikenburg.

Halbe Figur, auf einem Sessel sitzend, gegen links gewendet, mit schlichtem Haar und kurz gehaltenem Schnurr- und Knebelbart. Er hat ein Käppchen auf dem Kopfe und eine enggefaltete Krause um den Hals. Den Körper deckt das geistliche Gewand, unter welchem ein Theil der auf die Brust gelegten rechten Hand sichtbar ist.

Im Unterrande stehen in zwei Absätzen die folgenden Verse:

Æra Wikenburgi *culta fub imagine vultum,*
Cœlum animam, corpus triftia bufta tenent,
Candorem, ftudium, limataq3. dicta piorum
Turba Dolet Patrem quisq3. abiisse fuum.

u. u.

Ohne Namen des Stechers.

Höhe 13" 11''', Breite 10" 10'''.

I. Vor den Künstlernamen.
II. Mit denselben.
III. Mit der Adresse *C. van den Schalcke excud.*

Nach *Nagler's* Angabe. Galt im Jahre 1851 bei *Verstolk van Soelen* in beiden Zuständen 27 holländ. Gulden.

98. Wilhelm von Nassau.

Brustbild in Vorderansicht, gegen links in einem ovalen Rahmen mit Genien und Trophäen, an dem ganz oben das Nassauische Wappen mit dem Motto JE MAIN TIENDRAY angebracht ist. Das Haar ist schütter, kurz und zurückgestrichen, Schnurr- und Knebelbart klein. Den Hals deckt eine mässig grosse Halskrause, den Körper die Rüstung.

Im untern leeren Raume innerhalb des Ovals die zweizeilige Unterschrift: GUILIELMUS NASSAVIUS, PRINCEPS | AURIACUS, etc. Darunter die Zahl 4 Die vier Ecken sind mit Palmzweigen, Eichen- und Lorbeerkränzen und links oben mit einer Mauerkrone decorirt. Ganz unten am Rande die Worte, links: P. *Soutman Inuen, Effiavit et Excud, Cum Priuil.* rechts: J. *Suiderhoef Sculp,*

Höhe 16" 1''', Breite 13" 2'''.*

Ist das 1. Blatt der Folge *Comites Nassaviae.* Siehe die Anmerkung 1. d.

I. Vor der Nummer.
II. Mit der Nummer 4 in der Mitte unterhalb der Unterschrift.

99. Wilhelm von Nassau.

Jugendliches Bildniss in Vorderansicht, gegen links gewendet, in einem ovalen, mit Genien und Emblemen des Landlebens und der Wissenschaft gezierten Rahmen, oben mit dem Nassauischen Wappen. Der Prinz hat schlichtes, auf der rechten Seite tief herabhängendes Haar, auf dem Kopfe einen Hut mit zwei wallenden Straussfedern und einer Bandschleife, um den Hals einen Ringkragen, und darüber einen am Rande gestickten Halskragen. Die vier Ecken füllen Baumzweige aus.

In dem leeren Raume unter dem Bildnisse liest man in zwei Absätzen: GUILIELMUS NASSAVIUS, NAT. PRINCEPS | AURIACUS, etc. Darunter die Zahl 9, ganz unten am Rande links: G. *Hondthorst Pinxit*, P. *Soutman Inven*, rechts: *Effigiavit et Excud. Cum Privil.* J. *Suiderhoef Sculp.*

Höhe 16" 2''', Breite 13" 3'''.

Ist das 9. Blatt der Folge *Comites Nassaviae*. Siehe die Anmerkung 1. d.

I. Vor der Nummer.
II. Mit der Nummer 9 in der Mitte unterhalb der Unterschrift.

100. Peter Winsem.

Brustbild in einem Oval, beinahe in Vorderansicht, gegen links gewendet, mit Schnurr- und Knebelbart. Das Haar am Scheitel abgetheilt und glatt herabgestrichen, ringelt sich ein wenig am Ende. Den Hals umgiebt eine mächtig grosse Halskrause, die vorne zwei kleine Quasten und auf der Brust an einer Schnur den Ring einer Medaille sehen lässt. Die Rundschrift des Ovals lautet: PIERIUS WINSEMIUS, J. C. *Illustr. Ordinum Frisiæ Historiograph. ac Eloquent. & Historiar. Professor Celeberrimus. Ætat. sua 58. Obyt* cIɔ.I.ɔcXLIV. ✿

Das Oval ruht auf einem, mit wagrechten Linien beschatteten Viereck, in welchem man links unten die Worte: J. *Suyderhoef Sculp.* und rechts: *C. Fontanus excud.* findet. Unter diesem Viereck steht ein achtzeiliges lateinisches Gedicht, welches mit den Worten *Posteritas venerare* beginnt und mit dem Pentameter *Fama per Historias non moritura viget.* endigt. Darunter gegen rechts die Worte: H. *NEVHVSIVS. Frif. Advoc.*

Höhe 9" 1''', Breite 6".

Dieses Blatt gehört zu dem Werke: P. *Winsemj J C... historiarum ab excessu Caroli V. Cæsaris ... sive rerum sub Philippo II. per Frisiam gestarum. Ab Anno* cIɔ IɔLV *ufque ad annum* cIɔ IɔLXXXI *affertæ Libertatis. libri septem. Leonardiæ Excudebat Claudius Fontanus ... Anno* cIɔ IɔcXLVI *fol.*

101. Wladislaw VI.
König von Polen.

Oval von Fruchtgehängen umgeben. Der König in Vorderansicht gegen rechts gewendet, hat Schnurr- und spitzigen Knebelhart und trägt am Leibe eine Rüstung. Ueber die linke Achsel ist die Feldbinde geworfen. Den Halsschmuck bildet die Ordenskette des goldnen Vliesses. Das Haupthaar ist auf der einen Seite verschnitten, während es auf der andern, etwas gelockt, weit herabreicht. Der liegende grosse Halskragen ist am Rande gestickt. Unten in einem kleinen Oval steht die zweizeilige Unterschrift: *Vladislaus VI Poloniæ et Sueciæ Rex | Serenissimus et Potentissimus* Darunter links: P. *Soutman Pinxit Effigiauit et Excud.* rechts: J. *Suyderhoef Sculpsit*. Noch tiefer unten gegen die Mitte zu: *Cum Priuil. Sa. Cæ. M.*

Höhe 14" 11''', Breite 9" 9'''.

Ist das 9. Blatt der Folge *Ferdinandus II et III*. Siehe die Anmerkung 1. b.

I. Vor der Nummer.
II. Mit der Nummer 9.

101ʰ. Unbekanntes Portrait.

Halbfigur eines deutschen Gelehrten, Theolog und Mathematiker, mit Bart und Käppchen, im Lehnstuhle sitzend, mit der rechten Hand wendet er ein Buch und in der linken hält er eine Feder. Zur Rechten ein Fenster mit Glasbild mit Wappen und Aussicht zur Ferne auf Festungswerke. Vorn ein Tisch mit Utensilien und ein Blatt mit deutscher Aufschrift.

Rechts *Alb. Freyse delinea. J. S. Sculp.* in 4. Zu einem Buche in 4. Auf der Rückseite Christus bei Maria und Martha, von *C. V. Queboren*, mit deutscher Aufschrift.

102. Die vier Bürgermeister von Amsterdam.

In einem Saale, dessen Wände zwei Statuen in Nischen zieren, sitzen in Lehnsesseln an einem viereckigen Tische, mit breitkrämpigen Hüten auf den Köpfen, die vier Bürgermeister der Stadt Amsterdam Anton *Oetgens van Waveren*, Albert *Conradi Burgh*, Peter *Hasselaer* und Abraham *Boom*, eben berathend, wie sie die Königin von Frankreich *Maria von Medicis* würdig empfangen sollen; da tritt von der linken Seite des Blattes her der Advokat und *Praefectus patritii equitatus*, *Cornelius van Davelaer*, sich etwas verneigend, entblössten Hauptes, den Hut in der Rechten, die linke Hand auf die Brust gelegt, zu ihnen heran, und bringt die Nachricht, dass der hohe Gast bereits angekommen sei. Im Unterrande findet man die zweizeilige Unterschrift: EFFIGIES NOBILISSIMORUM ET AMPLISSIMORUM DD. CONSULUM QUI REIP. AMSTELODAMENSI PRÆ

FUERE TUNC, CUM EORUM MANDATO ADVOCATUS CORNELIUS | A DAVELAER,
D. IN PETTEN, EQUITATUS PATRITII PRÆFECTUS, CHRISTIANISSIMAM RE-
GINAM MARIAM DE MEDICIS, EANDEM URBEM INGREDIENTEM, DEDUXIT.
Dann folgen die Namen und Würden dieser vier Männer. *d.* AN-
TONIUS OETGENS *van Waveren | eques, dominus in Waveren Bothshoil,
Rugewillis,* &*.* *d.* ALBERTUS CONRADI BURGH, *nuper ad | magnum Mos-
coviæ Ducem jam nunc ad Daniæ Regem Legatus.* *d.* PETRUS HAS-
SELAER, | *Militiæ Urbicæ Tribunus.* *d.* ABRAHAMUS BOOM, *in | Con-
fessu illust.* DD. *Holland, ac Weflfris, antehac . delegatus* darunter
links: *Keyser pinxit* rechts: *I. Suyderhoef Sculpcit.*

I. Vor dem Namen des Malers und des Stechers.
II. Mit dem Namen des Malers *Keyser pinxit* allein.
III. Mit den Namen des Malers und Stechers.

Dieses meisterhafte Blatt gehört übrigens zu dem seltenen
Werke: *Blyde Inkomst . . . van Maria de Medicis t'Amsterdam . . .
door K. v. Baerle (Barlœus). Amsterdam.* 1639. *fol.* mit den schönen Blättern von *P. Nolpe, S. Savry* und *C. van Dalen* nach *N.
Moynert, J. Martss de Jonge* und *S. de Vlieger,* befindet sich aber
äusserst selten dabei und ist meistens herausgenommen.
Der Preis dieses Blattes im guten Druck war stets ein hoher.
Es wurde 1774 bei *Brochant* mit 160 Liv. — 1778 bei *Servat*
mit 144 Liv. verkauft. Bei *Verstolk van Soelen* ging im Jahre
1851 ein Exemplar im I. Stande auf 175 holl. Gulden und ein
anderes im II. Stande auf 64 Gulden. Bei *J. L. van der Dussen*
galt 1774 ein alter Abdruck 80 Gulden, und das Exemplar der
k. Sammlung in Paris vom I. Stande wurde nach *Duchesne* im
Jahre 1812 zu Amsterdam um 600 Fr. gekauft. Das herrliche
Exemplar der *Albertina* hat mit vergilbter Tinte rechts unten in
der Ecke die Worte beigeschrieben: *I. Suyderhoef Sculpcit.*

103. Der Friedensschluss zu Münster.

Man sieht das Innere des Rathhaussaales zu Münster, von
dessen Decke ein Luster mit dem Bilde der Muttergottes im Strah-
lenkranze herabhängt. Zur rechten Seite des Blattes bemerkt man
ein Fenster, zur linken hängt eine schmale Tafel an der Wand
mit der Aufschrift: PAX OPTIMA RERUM. Rings um die Wände
laufen reichverzierte Wandstühle. In der Mitte des Blattes steht
ein runder gedeckter Tisch, auf dem sich mehrere Urkunden mit
grossen Majestätssiegeln und ein Kästchen befinden. Die Auf-
merksamkeit der ganzen zahlreichen Versammlung, welche rückwärts dieses Tisches das Blatt seiner ganzen Breite nach einnimmt,
ist auf zwei der Bevollmächtigten gerichtet, welche ihre rechten
Hände auf das geöffnete von einem Geistlichen gehaltene Evange-

lienbuch legen. Der eine von ihnen, dessen Haar zurückgestrichen ist, hat eine reiche Kleidung an, trägt seinen Degen an einem Bandolier und hält mit der linken Hand eine Schrift; der andere, ihm zur Rechten, ist dagegen in seiner Kleidung äusserst einfach. Zur linken Seite der ebenerwähnten Personen sieht man sechs Männer, welche ihre rechten Hände zum Schwur erhoben haben. Einer derselben hält gleichfalls ein Papier, der andere, der ein Käppchen auf dem Kopfe hat, seinen Hut in der Hand. Die vordersten Figuren der hinter den Schwörenden in einem Halbkreise herumstehenden Versammlung, welche gleichsam die zwei Endpunkte derselben bilden, sind, zur linken Seite des Blattes ein Edelmann mit einem langen Degen an der Seite und dem Federhute in der rechten Hand, die er in die Seite stemmt, während die linke auf der Lehne des vor ihm stehenden Stuhles ruht und zur rechten Seite ein Mönch. Hinter der Versammlung stehen zu beiden Seiten des mit einem Tuche und zwei aufgepflanzten Fahnen verzierten Sitzes, zur Verherrlichung der Feier mehrere niedere Bäume in Gefässen. Links innerhalb der Einfassungslinie liest man: *Geruert ter Burch pinxit* und rechts: *Jonas Suyderhoef sculpsit*.

Im Unterrande steht die dreizeilige Unterschrift: ICON EXACTISSIMA, QUA AD VIVUM EXPRIMITUR SOLENNIS CONVĒTUS LEGATORUM PLENIPOTENTARIORUM HISPANIARUM REGIS PHILIPPI IV. ET ORDINUM | GENERALIUM FÆDERATI BELGII, QUI PACEM PERPETUAM PAULLO ANTE SANCITAM, EXTRADITIS UTRINQUE INSTRUMENTIS, JURAMENTO CONFIRMARUNT, | MONASTERII WESTPHALORŪ IN DOMO SENATORIA. ANNO CIƆIƆCXLVIII. IDIBUS MAJI.

Höhe 17" 3''', Breite 21" 7'''.

I. Vor den beiden Künstlernamen und vor der Unterschrift.
II. Vor den beiden Künstlernamen, jedoch mit der Unterschrift.
III. Mit den beiden Künstlernamen und mit der Unterschrift.

Nach *Nagler's* Angabe wurde die Platte vergoldet und 1807 wieder aufgefunden. Im Jahre 1820 versuchte man es in Paris sie zu retouchiren, die Abdrücke fielen jedoch hart und trocken aus.

Alte schöne Abdrücke besonders im frühen Stande wurden schon vor mehr als 50 Jahren theuer bezahlt. So ging 1774 bei der Versteigerung des Cabinets *J. L. van der Dussen* ein Abdruck vor der Schrift mit 100 Gulden 10 Stübern weg, ein Abdruck mit der Schrift galt 30 Gulden. In der Auction *Logette* 1817 ging ein alter Abdruck auf 173 Fr. Bei *Verstolk van Soelen* im Jahre 1851 wurde ein Exemplar vor den Künstlernamen um 125 Gulden verkauft, und das Exemplar der k. Sammlung in Paris wurde im Jahre 1825 um den Preis von 300 Fr. angekauft und stammt aus dem Cabinet *Karcher*; ja, bei der Versteigerung der Sammlung *Thoré* ging ein Abdruck vor aller Schrift, der einzige bekannte dieses Standes, auf die bedeutende Summe von 915 Fr. Dieses Exemplar stammt aus der Sammlung des Baron *Verstolk van Soelen* und befindet sich gegenwärtig im Cabinet des Fürsten von *Esslingen*. R. *Weigel* werthet einen schönen alten Druck auf 20 Thaler.

Adam v. Bartsch erwähnt in seiner *Anleitung zur Kupferstichkunde. Wien, Wallishauser.* 1821. Band I Seite 181 dieses Blattes mit den Worten: „Der Friedensschluss zu Breda (nicht Münster, wie man ihn gewöhnlich nennt) nach G. Terburgh." Dieser Bemerkung liegt wahrscheinlich eine Verwechslung mit jenem Frieden zu Grunde, der zu Breda zwischen England, Frankreich, Dänemark und den Generalstaaten im Jahre 1667 geschlossen wurde. Zum Belege dieser Behauptung folgt im Anhange S. 00 unter No. 2 der Anmerkungen die betreffende Stelle des grossen Quellenwerkes *Theatrum europaeum* Oder Ausführliche vnd Warhafftige Beschreibung aller ... denkwürdigen Geschichten ... Beschrieben durch *M. Joannem Philippum Abelinum* ... Gedruckt zu Frankfurt am Mayn, bei Wolffgang Hoffmann. 1643—52. VI Theile in fol., welche im VI. Theile S. 455—458 zu finden ist, und so genau, und in allen Details auf unser Blatt passt, dass, selbst abgesehen von der Unterschrift, über die Frage, welche Friedenshandlung darin vorgestellt wird, kein Zweifel obwalten kann; weshalb denn auch dieses Blatt, und zwar mit Recht, noch immer der Friedensschluss zu Münster, *la paix de Munster*, genannt wird, mit welcher Benennung jener Friede bezeichnet werden will, der 1648 zwischen Spanien und Holland zu Münster geschlossen wurde, und jenem grossen sogenannten Westphälischen Frieden mehrere Monate voranging, der im October 1648 gleichfalls in Münster zu Stande kam, jedoch in Osnabrück unterzeichnet wurde, weswegen die beiden Friedensschlüsse gewöhnlich mit einander verwechselt werden.

Das Bild auf Kupfer gemalt, 1' 5" hoch und 1' 10" breit, wollte *Terburg* um 6000 Gulden nie hergeben. Nach seinem Tode kam es in den Besitz eines seiner Nachkommen, der Renteneinnehmer in der Provinz Ober-Yssel war. *Houbraken* (gest. 1780) sah es bei demselben in Deventer. In der Folge gelangte es in das Cabinet *Van Leyden* in Amsterdam und wurde bei der Versteigerung dieser berühmten Sammlung im Jahre 1804 um 16,000 Fr. verkauft. Fürst *Talleyrand* erstand es um diesen Preis, und als seine Gemäldesammlung im Jahre 1817 versteigert wurde, kaufte es Herr *Buchanan*. Es ging sodann in den Besitz des Herzogs und später der Herzogin von Berry über und wurde bei dem Verkaufe ihrer Gemälde im Jahre 1837 dem Fürsten *Anatole Demidow* um die Summe von 45,500 Fr. zugeschlagen. Dieselbe ein wenig grössere Darstellung im Museum zu Amsterdam soll die Skizze sein.

104. Der Sturz der gefallenen Engel.

Der Erzengel Michael, das runde Schild in der Rechten, den Blitz in der Linken, stürzt, gefolgt und unterstützt von seinen Gefährten, die Verworfenen aus dem Himmel in die Hölle hinab. Die zweizeilige Unterschrift im Unterrande lautet: *Superbiæ ergo depulsi e cœlis Luciferi, Vindicem Michaelem, Constantino Hugens, Equiti, Toparchæ Zuijlechemij, Principis Auriaci Senatori, et | d secretis, illustrium ingeniorum Patrono, Musarum Apollini Dedicat, Seseqs ejus clarisſimo Nomini L. M. Q. devovet Petrus Soutman, Cum Priuil.* Darunter links: *P. Paulo Rubens Pinxit*, rechts: *J. Suyderhoef Sculp. A°.* 1642

Dieser Stich besteht aus zwei Blättern.

Höhe beider Blätter zusammen 23" 10''', Breite 20" 2'''.
Höhe der Platte für den Unterrand 2" 5'''. Die ganze Höhe demnach 26" 3'''.

I. Mit *Soutman's* Adresse. Die Körper der Verworfenen sind noch sämmtlich nackt.
II. Mit derselben Adresse. Die Blössen sind durch leichte Draperien verdeckt, jene des Teufels, der in der Mitte des Blattes das Weib auf dem Rücken trägt, gänzlich herausgenommen.
III. Mit der Adresse *F. de Wit.*
IV. Die Platte ist überarbeitet. Die Abdrücke sind hart und steif.

Das Bild, nach dem dieses Blatt gestochen wurde, befindet sich gegenwärtig in der Pinakothek in München im vierten oder Rubens-Saal unter der Nummer 250. Siehe das Verzeichniss der Gemälde in der königl. Pinakothek. München 1859.

Dieses Blatt galt im I. Stande 1774 bei der Versteigerung des Cabinets *de Mailly* 29 Liv. In der berühmten Sammlung des Baron *Verstolk de Soelen* fehlte es, ein Beweis, dass es in ersten Ständen sehr selten vorkommt.

105. Die Hölle.

Ein schauerliches Gewirr von schrecklichen, wahrhaft infernalischen Ungeheuern in einen Knäuel zusammengeballt, die einander im furchtbarsten Grimme zerfleischen und gegenseitig anfallen. Dazwischen krümmen sich in Verzweiflung drei menschliche Gestalten. Den Mittelpunkt nimmt ein grosser Drache ein; im Hintergrunde lodern die Flammen der Hölle.

Links unten *P. P. Rubens. pinx.* ohne Namen des Stechers.

Höhe 4" 10''', Breite 6" 8'''.

Dieses Blättchen ist so sehr in *Suyderhoef's* Manier, dass es diesem Meister wohl nicht mit Unrecht zugeschrieben wird. Der Gegenstand ist übrigens dem herrlichen Gemälde entnommen, das sich gegenwärtig in der k. Pinakothek zu München befindet und zwar im vierten oder Rubens-Saal unter Nummer 258. Siehe Verzeichniss der Gemälde in der k. Pinakothek. München 1859.

106. Die heilige Jungfrau mit dem Jesu-Kinde.

Maria sitzt auf einer Bank und hält das Jesukind in den Armen, das auf ihrem rechten Schenkel knieend, die Händchen um den Hals der Mutter legt. Das Kind hat gelocktes Haar und eine Glorie um das Haupt. Im Hintergrunde links bemerkt man eine runde Säule mit ihrem Postamente.

Im Unterrande stehen in zwei Absätzen vier lateinische Verse. Sie beginnen mit: *Cum mea mens* und enden mit: *lapis ipsa fames.* Darunter in der Mitte: *P. P. Rubens Pinxit* und rechts: *J. SuyderhoeF Sculpsit.* Noch tiefer ganz am Rande in der Mitte die Worte: *Cum Priuil.*

Höhe 7" 8''', Breite 6" 2'''.

107. Die Grablegung Christi.

Joseph von Arimathia und Nikodemus tragen den Leichnam des Heilands von links nach rechts die Stufen des Grabes hinab zur Beerdigung. Ihnen zur linken Hand gehen die drei heiligen Frauen, von denen Maria Magdalena an den aufgelösten Haaren kenntlich ist und mit einem Tuche ihre Thränen trocknet. Auf der niedersten Stufe zur rechten Hand des Blattes stehen die Worte: *Michael Agnolo Caravaggio Pinxit* und darunter *I S sculpsit* Es ist nach *Rubens'* Zeichnung.

Höhe 11" 9''', Breite 7" 5'''.

Nach *Nagler's* Angabe:

I. Vor aller Schrift, im reinen Aetzdruck.
II. Mit der Schrift und ohne Adresse.
III. Mit der Adresse von *Carolus Allard.*
IV. Mit der französischen Unterschrift: *Christ mort* etc. *à Paris chez Basan.*

Das Originalgemälde in der *Chiesa nuova de' Padri de l'Oratorio* in Rom.

108. Der trunkene Bacchus.

Eine Gruppe von fünf Personen, die sich in einer flachen Landschaft von links gegen rechts bewegt. Der junge Bacchus, dem die Füsse bereits den Dienst versagen, das Haupt mit Weinlaub bekränzt und das Tigerfell um die Lenden geschlagen, wird rückwärts von einem alten Faun unterstützt, während ihn ein nackter Mann am linken Arm fasst und vorwärts zu ziehen sucht. Zwei Bacchantinnen, Thyrsusstäbe in den Händen haltend, schreiten den Weg bezeichnend voran. Zur rechten Seite des nackten Mannes schleicht ein Panther, der die Zähne fletschend, den Bacchus anblickt. Vor ihm liegt eine Weintraube.

Auf dem Blatte rechts unten die Worte: *J. S. Sculpsit.* Im Unterrande steht das Distichon:

Visus Hebet, fumant Artus, Cerebrumq3 Rotatur,
Nec facit Officium Pes Animusue suum.

Daneben links: P. P. *Rubens Pinxit* rechts: *Cum Priuilegio* P. *Soutman Excud.*

Höhe 11'', Breite 12'' 11'''.

I. Mit der Adresse *P. Soutman Excud.*
II. Rechts unten mit der Adresse *Clement de Jonghe Excudit.*
III. Mit der Adresse *F. de Wit exc.*
IV. Diese zugelegt.

109. Der trunkene Silen.

Gruppe von fünf Personen, die sich gegen rechts bewegt. Der taumelnde, bärtige, nackte Silen, das Haupt mit Epheu bekränzt, wird links von einem hinter ihm gehenden Mohren, der ihn am Schenkel kneipt, eigentlich die Schlaffheit seiner Haut zeigen will, und rechts von einem grinsenden Faun unterstützt, der dem Trunkenen eine Weintraube hinhält, deren Beeren Silen wohl abreisst, sie aber wegen seiner Trunkenheit nicht zum Munde zu bringen vermag, sondern fallen lässt, was eben den Faun so boshaft lachen macht. Hinter dem Mohren bemerkt man einen Mann, der aus einem flachen Glase trinkt, und zur rechten Seite des Blattes ein altes hässliches Weib mit einem Kruge in der linken Hand.

Im Unterrande stehen die Worte: *Pet. Paul Rubenius Pinxit* darunter: *P. Soutman excud., Cum Priuil*

Höhe 12'' 7''', Breite 10'' 2'''.

I. Vor aller Schrift und vor der Andeutung des Himmels.
II. Vor den Gegenstrichlagen am Himmel über des Silen rechter Suchlter, und im Gewölke über dessen Kopf. Die Blösse des Silen ist unbedeckt. Mit der Schrift *Pet. Paul Rubenius Pinxit, P. Soutman excud., Cum Priuil.*
III. Mit den Gegenstrichlagen am Himmel über der rechten Schulter Silen's und im Gewölke über dessen Köpfe. Seine Blösse ist noch unbedeckt. Die Schrift ist dieselbe wie im II. Stande.

IV. Vor der Drapperie auf dem Schenkel des Silen und mit der Adresse *Clement de Jonghe Excudit* unter der früheren des *P. Soutman.*
V. Mit der Adresse *Clement de Jonghe Excudit* wie im IV. Stande. Die Blösse des Silen ist mit einem Tuche bedeckt.
VI. Mit der Adresse *F. de Wit exc*

Dieses Blatt galt 1778 bei *Servat* 30 Liv.
Das Originalgemälde in der Münchner Pinakothek.
Der Stich selbst wird gewöhnlich *Soutman* allein zugeschrieben.

110. Die Familie des Satyr.

In einer öden Gegend sieht man zur linken Seite des Blattes mehrere männliche und weibliche Satyre, die ihr Spiel mit Panthern treiben. Ein knieender weiblicher Satyr, das Haupt mit Epheu umkränzt, hält eine am Boden liegende Pantherin zurück, die mit der Tatze nach ihrem Jungen langt, das ein neben ihr stehender Satyr in die Höhe hält und es ihr zeigt, um sie zu necken, während ein dritter Satyr ihr von der andern Seite her eine Traube hinhält. Der vierte am Boden liegende Satyr stützt sich auf seinen rechten Arm und hat sich etwas aufgerichtet, um dem Spiele zuzusehen. Links sitzt ein alter Satyr gleichgiltig und nachlässig auf einem Baumstamme, indess ein anderer sich umschauend zu ihm hinaufklettert. Die rechte Seite des Blattes nehmen in der Nähe ihrer Höhle drei Panther ein, von denen der eine sich nach der Pantherin in der Mitte umsieht, der andere mit seinem Kopfe gemächlich auf dem ersteren ruht, der dritte endlich einen Baumstamm hinaufklettert, um einen Affen zu verfolgen, der sich in seinem Vorwitze zu sehr genähert hatte.

Im Unterrande findet man in drei Absätzen sechs Hexameter. Sie beginnen mit: *Hic Satyri Satyrœque tuas*, und endigen mit: *deserta per avia mentes.* Darunter am Rande stehen die Worte, links: *P. Van Laar pinxit*, und rechts: *J. Suyderhoef sculpsit. Robbert Tinneken excudit*

Höhe 23" 1''', Breite 19" 7'''.

I. Mit der Adresse *Robbert Tinneken excudit.*
II. Mit der Adresse *Nicolaus Viffcher excudit.*
III. Mit der Adresse von *F. de Wit.*
IV. Mit der Adresse *P. Schenk Iunior Excudit | N* 66. links im Unterrande.

111. Die Nacht.

In einer Grotte ruht die Göttin der Nacht in Vorderansicht, das mohnbekränzte Haupt auf die rechte Hand gestützt. Sie hat zwei grosse Flügel und das dunkle Gewand ist mit Sternen besäet.

Vor ihr und an sie gelehnt liegen, mit dem Rücken gegen einander gewendet, zwei nackte Kinder in tiefem Schlafe. Ganz im Vordergrunde sieht man links einen Leuchter mit ausgelöschter Kerze, eine Flasche, Stahl und Feuerstein, und eine glimmende Hängelampe mit einer Partie dazu gehöriger Dochte. In der Mitte nagt eine Maus an einem Kerzenreste und rechts steht eine grosse Laterne mit einer darin liegenden und einer brennenden Kerze, welche das Ganze grell beleuchtet. Gerade hinter und über dieser Laterne sitzt eine Nachteule. Links in der oberen Ecke leuchtet die Mondsichel zur Grottenöffnung herein.

Im Unterrande in der Mitte steht das Wort Nox dann folgt ein achtzeiliges lateinisches Gedicht in zwei Absätzen, welches mit: Languida, dormitans hæc femina, beginnt, und mit den Worten: Difpliceat vitæ Nox fcelerata tuæ. endigt. Darunter links: *J. Sandrart Pinxit.* rechts: *Suyderhoef fculpsit.*

Höhe 12" 10''', Breite 9" 2'''.

Das Gegenstück ist der *Tag* gestochen von *Falk.*

Diese zwei Blätter, so wie die zwölf Monate von *van Dalen, Persyn, Halwegh, J. Falk* und *Suyderhoef* gestochen, gehören zu einer Folge, welche den Titel hat: *Duodecim mensium nec non diei et noctis icones.* Die Gemälde ehemals in der k. Gallerie zu Schleissheim, befinden sich gegenwärtig in der Pinakothek in München.

112. April.

Ein Mann in Vorderansicht gegen links gewendet, mit Schnurr- und Knebelbart, gelocktem wallendem Haar und blossem Hals, im urzen Sammtrock, mit einem Federbarett auf dem Kopfe, hält mit der rechten Hand eine Guitarre und mit der linken einen Korb mit Blumen. Den Hintergrund bildet links ein Garten mit einem Gebäude und rechts eine Meierei mit mehreren Kühen, deren eine eben gemolken wird. Links oben in der Ecke das Zeichen des Stiers.

Im Unterrande steht das Wort Aprilis dann folgt ein lateinisches Gedicht von acht Zeilen in zwei Absätzen. Es beginnt mit: Terribilis cœlo vernantem und endet mit: Daphnis inire viam Darunter links: *Joachimus Sandrart Pinxit* und rechts: *J. Suyderhoef fculpfit.*

Höhe 13", Breite 9" 4'''.

Gehört zu der, unter dem Namen der zwölf Monate von *Sandrart* bekannten schönen Folge. Siehe die Anmerkung zu No. 112.

113. Mai.

In einem Garten, wo rechts eine Fontaine und links ein Schloss mit einem von Kähnen belebten Teiche sichtbar ist, steht von vorne zu sehen und etwas gegen links gewendet ein Mädchen, das eine Tulpe pflückt, um sie in den Kranz von Blumen zu flechten, den es mit der linken Hand hält. Das Haar ist aufgelöst und um die Schläfe windet sich ein Blumenkranz.

Im Unterrande steht das Wort Maivs. Dann folgt ein lateinisches Gedicht von acht Zeilen in zwei Absätzen. Es beginnt mit: Nunc Melibæe tuæ glifcant und endet mit: non cupit efse suæ. Darunter links: *Joachimus Sandrart Pinxit.* und rechts: *J. Suyderhoef fculpfit.*

Höhe 13'', Breite 9'' 4'''.

Gehört zu der, unter dem Namen der zwölf Monate von *Sandrart* bekannten schönen Folge. Siehe die Anmerkung zu No. 112.

114. Juni.

Ein bärtiger alter Mann in Vorderansicht, ohne Kopfbedeckung, sitzt auf einem Erdabhange und scheert ein gebundenes Schaf, das auf seinen Knien liegt. Im Hintergrunde sieht man drei Personen in der Nähe einiger Gebäude mit einer Schafheerde beschäftigt. Den Horizont schliesst ein hoher Berg. In dem obern linken Eck ist das Zeichen des Krebses angebracht.

Im Unterrande steht das Wort Jvnivs. dann folgt ein lateinisches Gedicht von acht Zeilen in zwei Absätzen. Es beginnt mit: Dum Cancri chelis und endet mit: vertice fige pedem. Darunter links: *Joachimus Sandrart Pinxit.* rechts: *J. Suyderhoef fculpfit.*

Höhe 12'' 10''', Breite 9'' 1'''.

Gehört zu der, unter dem Namen der zwölf Monate von *Sandrart* bekannten schönen Folge. Siehe die Anmerkung zu No. 112.

115. August.

Ein bärtiger Mann, der eine mit Blumen und Aehren geschmückte Mütze auf dem Kopfe hat, steht gegen links geneigt in einem Felde und schneidet Getreide mit einer Sichel. Im Hintergrunde bemerkt man auf der rechten Seite des Blattes eine gebirgige Landschaft mit vier Schnittern, einem beladenen Getreidewagen und einem ackernden Landmanne, ferner oben in der Ecke rechts das Zeichen der Jungfrau.

Im Unterrande steht das Wort AVGVSTVS. und darunter in zwei Absätzen ein lateinisches Gedicht von acht Zeilen. Es beginnt mit: Triptolemi iam dona vides und endet mit den Worten: nil facimus. Darunter links: *Joachimus Sandrart Pinxit*. und rechts: *J. Suyderhoef fculpfit*.

Höhe 12" 8"', Breite 6" 11"'.

Gehört zu der, unter dem Namen der zwölf Monate von *Sandrart* bekannten schönen Folge. Siehe die Anmerkung zu No. 112.

116. Der Raucher.

Ein Mann sitzt in einem niedern Lehnstuhle in Vorderansicht, gegen links gewendet an einem Tische, hat einen Anflug von Schnurrbart und auf dem Kopfe einen aufgestülpten Hut. Mit der linken Hand fasst er seinen Krug, auf den er seinen rechten Arm gelehnt hat und hält mit der rechten Hand sein Pfeifchen.

Im Unterrande links liest man die Worte: *Av. Oftaden pinxit*. und daneben: *J. Suyderhoef sculpsit*.

Höhe 8" 2"', Breite 6" 7"'.

I. Mit den beiden Künstlernamen; ohne Adresse.
II. Im Unterrande rechts: *Ex Formis Nicolai Vifscher*.
III. Wie der zweite, nur mit dem Beisatze unten in der Mitte: *Cum Privil: Ordin: General: Belgii Fœderati*.

117. Monsieur Peeckelhaering.

Halbe Figur, stehend, gegen links gewendet. Die Mütze sitzt nachlässig auf dem Kopfe, den er etwas auf die Seite neigt. Der zerraufte Schnurr- und Knebelbart passt trefflich zu dem lachenden Ausdruck des versoffenen Gesichtes. Der Hals ist bloss, das Gewand, das sich durch fünf ungewöhnlich grosse Knöpfe auszeichnet, an den Nähten mit Streifen besetzt. Er hält mit der rechten Hand eine Kanne in die Höhe, dessen Deckel er geöffnet hat, um den Beschauer in dieselbe gleichsam hineinblicken zu lassen.

Im Hintergrunde liest man: *F. Hals Pinxit*. Im Unterrande stehen in zwei Absätzen folgende holländische Verse:

Siet Monsieur Peeckelhaering un,,
Hy pryst een frisse volle kan,,
En hout het met de vogte back.
Dat doet syn keel is altyt brack.

Höhe 9" 11"', Breite 7" 10"'.*

118. Die Alte.
Genannt het zoute Schelletje.

In einer Stube sitzt an einem Tische gegen links gewendet eine Alte mit einem Häubchen auf dem unordentlichen Haare. Sie hält mit der linken Hand ein Weinglas und scheint, indem sie mit der rechten den Krug zurückschiebt, den Antrag eines neben ihr stehenden Mannes abzulehnen, der mit der rechten Hand den Krug gefasst hat und mit der linken auf das Glas deutend, die Absicht kund giebt, ihr einschenken zu wollen. Seine Kleidung ist einfach; auf dem Kopfe trägt er eine flache Mütze. Auf dem Tische liegt ein rundes Brett mit einem Stück Rollentabak und einer Pfeife, dann der Kohlenbehälter und mehrere andere Kleinigkeiten.

Im Unterrande steht folgendes Distichon:

Ni pateat fundus, nova massica non tibi fundo,
In fundo cordis namque profunda latent.

Darunter links: *A. Ostaden pinxit.* in der Mitte: *C. de Jonghe excudit* rechts: *J. Suyderhoef sculpsit.*

Höhe 7" 9''', Breite 7". *

I. Vor den Namen des Malers und des Stechers sowie vor den Versen.
II. Mit denselben und mit der Adresse *Clement de Jonghe.*
III. Mit der Adresse *F. de Wit excudit.* Die Platte ist retouchirt.

119. Der Trinker.

In einer Stube sitzt gegen rechts gewendet auf einem Fasse ein nasser Bruder. Er hat eine Jacke an, auf dem Kopfe einen Hut und hält mit der rechten Hand ein hohes schmales Glas vor sich hin, das er auf seine linke Faust gesetzt hat. Rechts von ihm auf dem Tische liegt seine Pfeife. Sein Gefährte, der neben ihm sitzt und von vorne zu sehen ist, hat eine Mütze auf, lehnt sich mit der linken Hand, in der er die dampfende Pfeife hält, an den Tisch an, stemmt die rechte Faust auf seinen Schenkel und scheint seinem Nachbar wohlgefällig zuzuhören. Hinter beiden sieht man vom Rücken eine Frau in gebückter Stellung. Zur linken Seite des Blattes gewahrt man einen Verschlag, der halb offen ist. Auf demselben liegt ein Tuch und andere Siebensachen und unterhalb desselben auf einer Bank steht ein zerbrochener Krug, in dessen Nähe ein Prügel lehnt.

Im Unterrande steht das Distichon:

Vivamus, Bacchi-plenos sumamus et haustus
Vita aliis alia est, vivere mi, bibere est.

Darunter links: *A. Ostaden pinxit.* in der Mitte: *Clement de Jonghe excudit* rechts: *J. Suyderhoef fculpfit*

Höhe 8" 2''', Breite 6" 7'''.

I. Vor den Versen und vor dem Namen des Malers und Stechers.
II. Vor den Versen. Die Worte *A. Ostade pinxit*, stehen unmittelbar unter dem Platze, den später das Wort *Vivamus*, womit die Verse beginnen, einnimmt. Dieses ist aus dem Exemplare der *Albertina* des III. Standes genau ersichtlich, da man die Spuren der herausgeschliffenen Worte *A. Ostade pinxit*, an der bezeichneten Stelle deutlich wahrnehmen kann. Ob und wo in diesem Stande der Name des Stechers stand, lässt sich nach diesem Blatte nicht bestimmen.
III. Mit den beiden Künstlernamen, den Versen und der Adresse *Clement de Jonghe excudit.*
IV. Mit der Adresse *F. de Wit.* an der Stelle der obigen.

120. Die drei Weiber,

benannt die holländischen Parzen, auch die Gevatterinnen.

In einem Oval sitzen drei Weiber um einen niedrigen Stuhl herum, auf dem man eine Pfeife und ein Papier bemerkt. Die Alte vorne mit einem Tuche auf dem Kopfe ist gegen rechts gewendet. Sie drückt mit der rechten Hand eine ziemlich grosse und volle viereckige Flasche an sich, hält mit der linken ein Gläschen in die Höhe und scheint in der besten Laune zu sein. Ihr zur Rechten sitzt eine Frau, die jüngste unter den dreien. Sie ist etwas gegen links gewendet und hat eine mit Pelz verbrämte Haube auf dem Kopfe; die rechte Hand ruht auf dem Sessel und mit der andern hält sie eine Schale dem ihr zur Linken stehenden alten Weibe hin, das eben im Begriffe zu sein scheint, aus einem Gefässe etwas in die ihr dargereichte Schale zu schütten, während sie mit einem Löffel in dieselbe langt. Neben dieser Alten links steht ein Spinnrocken und rechts im Vordergrunde sieht man auf einer Bank den Haspel und die Spindel mit dem aufgewundenen Garne liegen.

Oben im Hintergrunde liest man: *A. van Ostaden pinxit* und darunter: *J. Suyderhoef sculpsit.*

Dieses Blatt ist auch unter der Benennung „die drei Gevatterinnen" bekannt.

Höhe 11", Breite 8" 1'''.

I. Vor aller Adresse, die Ecken ausserhalb des Ovals sind weiss.
II. Die Ecken weiss wie im I. Stande, dann rechts unten ausserhalb des Ovals *Dancker Danckerts Excud.*
III. Statt der obigen Adresse steht rechts unten ausserhalb des Ovals *Nicolaus Vifscher excu.* Die Ecken sind noch weiss, die Höhe des Ovals beträgt 9" 10'''.

IV. Rechts unten *Nicolaus Vifscher excu.* wie im dritten Stande, die Ecken jedoch sind mit starken Horizontallinien bedeckt; das Oval misst 10" in der Höhe, somit um 2‴ mehr als im früheren drittenStande.
V. Mit der Adresse von *P. Schenk* und mit den Horizontallinien.
VI. Die Platte ist überarbeitet und links *Schenk's* Adresse herausgenommen.

Die letzten zwei Stände nach *Nagler's* Angabe.

121. Der Geiger,
genannt Jan de Moff.

In einer Stube, deren Hintergrund durch ein geöffnetes Fenster Licht erhält, sieht man um eine niedere Bank, die als Tisch dienen muss, zwei Männer und einen Geiger sitzen und sich nach ihrer Art unterhalten. Auf der linken Seite des Blattes nämlich sitzt oder hockt vielmehr auf einem Block mit niedern Füssen der Geiger mit aufgestülptem Hute und spielt auf seiner Violine; ihm gerade gegenüber, das linke Bein über das rechte Knie geschlagen und ein halbgefülltes Glas in der linken Hand haltend, bemerkt man einen Mann, der mit seinem Gesange das Spiel des Geigers begleitet und mit der rechten Hand dazu gleichsam den Takt zu geben scheint. Er sitzt auf einem bereits sehr abgenutzten Strohsessel und hat eine Mütze auf dem Kopfe. Sein Anzug ist übrigens sehr nachlässig, denn sein Strumpf ist auf der Ferse zerrissen und die Knie sind bloss. Vor ihm steht der Krug und zwischen ihm und dem Geiger liegt eine Thonpfeife. Hinter ihm auf dem Boden kauert eine Katze. Zwischen diesen beiden Männern sitzt hinter dem Tische ein dritter mit ausgespreizten Beinen. Er hat keine Kopfbedeckung, sieht gerade vor sich hin, stützt sich mit dem rechten Arm auf irgend einen Gegenstand und hält mit der linken Hand seine Pfeife. Vor ihm auf dem Tische liegt ein Papier mit Tabak und der obligate Kohlenbehälter. Gerade hinter ihm bemerkt man einen Kasten, auf dem allerhand Siebensachen liegen. An der Wand hängt ein Krug und daneben an dem senkrechten Balken, der die Wandecke bildet, ein Leuchter mit der Kerze, ein Tuch und ein Garnwinder. In der Wand zur rechten Seite des Blattes sieht man ein altes zerbrochenes Fenster, das in einen dunklen Raum führt und in dessen Vertiefung man einen Krug nebst einer Pfeife und andern Gegenständen bemerkt. Unter diesem Fenster steht eine Bank und auf derselben eine Schüssel.

Rechts unten, unterhalb eines am Boden liegenden Astes liest man die Worte: *A. v. Ostaden pinxit J. Suyderhoef sculp.* Im Unterrande stehen in zwei Absätzen vier holländische Verse.

Sie beginnen mit: *Als Jan de Moff* und endigen mit: *syn geltje duert.*

Höhe 10" 6''', Breite 8" 3'''.

I. Vor den beiden Künstlernamen und vor den Versen. Ein solches Exemplar bewahrt die *Albertina*. Der Unterrand ist leer, man sieht, kaum bemerkbar, die Linien zu zwei Zeilen in zwei Absätzen mit feingerissenen Andeutungen zu einer Schrift. Die Plattenecken sind spitzig.
II. Mit den Künstlernamen und den Versen im Unterrande, jedoch ohne eine Adresse.
III. Rechts unterhalb der Verse die Adresse *Visscher Exc.* Der Fussboden in der Nähe des Unterrandes ist durch mehrere angebrachte Strichelchen verstärkt, namentlich das rechte Untereck mit schrägen Strichelchen von links nach rechts so überarbeitet, dass man den Namen *Suyderhoef* kaum mehr bemerkt.
IV. Die Adresse *Visscher* ist herausgenommen, so dass nur übriggebliebene schwache Spuren ihr Vorhandengewesensein vermuthen lassen.
V. Wie der obige. Links unten die Adresse *J. Cóvens et C. Mortier Excudit.*

Drei Exemplare des I., II. und III. Standes aus dem Cabinet *Verstolk van Soelen* wurden 1851 um 100 holl. Gulden verkauft, es frägt sich aber noch, ob diese Stände mit den oben angegebenen auch übereinstimmen.

Das Gemälde befindet sich in der *Dulwich Gallery.*

122. Der Messerstich.

In einer Stube sieht man eine Gruppe von drei Soldaten, von denen einer seinen Gegner mit der rechten Hand bei der Brust gefasst hat und ihn zu Boden wirft, während seine zum Stosse ausholende Linke ein Messer zückt, das den Niedergeworfenen unfehlbar durchbohren müsste, wenn der dritte von ihnen nicht hinzugesprungen wäre und den erhobenen Arm des ersteren aufgefangen hätte. Das linke Bein des Niederstürzenden liegt auf einem umgeworfenen dreibeinigen Stuhle, der seinen Fall wahrscheinlich verursacht hat; seinen rechten Arm streckt er in der Angst, gleich als wollte er den tödtlichen Streich abwehren, gerade vor sich aus. Der Mann mit dem Messer ist auf sein rechtes Knie niedergestürzt und trägt lange Beinkleider und Stiefel. Beiden sind durch die Heftigkeit der Bewegung die Hüte von den Köpfen gefallen. Der dritte Soldat, der noch aufrecht steht, hat den Degen an der Seite und auf dem Kopfe eine Art Barett. Zur linken Seite des Blattes bemerkt man den abgesägten Theil eines Fasses, der wahrscheinlich als Spieltisch oder Sessel gedient hat,

und dahinter eine Trommel. Zur rechten Seite sieht man einen Mann mit einer Feuerzange in der Hand über einige Stufen zu Hilfe eilen. Die am Boden zerstreut liegenden Karten und ein Geldstück bezeichnen hinlänglich die Veranlassung des Streites. Links unten innerhalb der Randlinie liest man: G. TERBURCH PINXIT und darunter: *J. Suyderhoef sculpsit*. Die Verse im Unterrande lauten:
Liber alit, Cytherea Juvat moderanter amati — Alea, proh dolor === et chartula picta nocent. | *Solidé*
Höhe 11" 4''', Breite 14" 3'''. Nach Bartsch.

I. Vor den Versen und vor aller Adresse, nur mit den beiden Künstlernamen.
II. Mit den Versen und der Adresse *Cl. de Jonghe*.
III. Mit den Versen und der Adresse *F. de Wit excudit*.
IV. Ebenso und mit der Adresse *Marrebek exc.*

Galt im I. Stande bei *Verstolk* im Jahre 1851 66 holländische Gulden.

Das Bild auf Holz gemalt befand sich ehemals im Cabinet *Remond* und wurde 1778 bei der Versteigerung um 200 Liv. verkauft, dürfte aber dem Preise nach kaum das Originalgemälde gewesen sein.

123. Die Bretspieler.

Um einen niedern Tisch sind fünf Personen gruppirt; zwei spielen Trictrac, die übrigen drei sehen ihnen zu. Der eine der Spieler sitzt auf einem dreibeinigen Stuhl mit einer Lehne, der andere ist von seinem Sitze aufgestanden, hat seine Thonpfeife weggelegt, stemmt die rechte Hand auf den Tisch und macht mit der linken Faust eine Geste. Einer der Zuschauer, den man vom Rücken sieht, hat das Käppchen auf dem linken Ohre sitzen, lehnt sich mit dem rechten Arm auf den Tisch, während er den linken Fuss von sich streckt; der andere, der aufgestanden ist, hält sein geschlossenes Glas in beiden Händen, der dritte endlich stemmt den Ellbogen des rechten Arms auf den Tisch und raucht, seine Pfeife achlässig haltend. Hinter dieser Gruppe, mehr in der Mitte des Zimmers, steht ein Weib, das Garn abwindet, mit einem Manne im Gespräch. Im Hintergrunde sieht man durch die geöffnete Thüre in das vier Stufen höhere Nebenzimmer. An der rechten Wand ist der Kamin angebaut, in dessen Nähe drei Schinken und eine Speckseite hängen. An dem ersten Querbalken der Decke hängt ein Korb und am Boden zur rechten Seite des Blattes sitzt ein Hund in der Nähe einiger abgenagter Knochen. Unter dem Tische liegt die zerbrochene Tabakspfeife.

Ausserhalb der Randlinie unten links steht: *A. V. Ostade pinxit*, daneben *J. Suyderhoëf fecit*
In Holland unter dem Namen *De Verkeerbordspelders* bekannt.
Höhe 12" 10''', Breite 10" 3'''.

I. Vor der Adresse *Nicolaus Visscher excudit cum Privilegio* jedoch mit den beiden Künstlernamen. Vor den Gegenstrichlagen auf dem Fussboden hinter den Füssen der Alten. Vor den fortgesetzten Strichen auf dem Fussboden des im Hintergrunde zur Linken emporsteigenden Kämmerleins mit dem Balken darüber, mit den Schinken und mit dem weissen Tabakspfeifenkopf, der unter dem Tische am Boden liegt.
II. Mit *Visscher's* Adresse. Mit den angegebenen Retouchen. Noch mit dem weissen Tabakspfeifenkopfe.
III. Ohne *Visscher's* Adresse. Die Platte ist vollkommen mit dem Grabstichel überarbeitet, so zwar, dass Drucke dieses Standes wie sehr kräftige des ersten vor der Adresse erscheinen. Die Tabakspfeife ist durch feine Nadelstriche beschattet, welche in spätern Drucken gewichen sind und man sich wohl hüten muss, diese als erste Drucke zu nehmen.
IV. Mit der Adresse *G. Valk excud, cum privil.*

Wurde 1851 in der Auction *Verstolk* in einem Exemplare des I. und II. Standes mit 50 holl. Gulden bezahlt.

Das Originalgemälde bei *S. Clarke, G. Hibbut* und jetzt bei *M. C. Bredel.*

124. Die Bauern vor der Schenke.
Genannt der grosse Besen.

Vor einer Schenke sitzen unter einer Weinlaube zwei Männer. Der eine, in der Mitte des Blattes von vorne zu sehen, hat eine runde Kappe auf, steckt die linke Hand unter sein Wams und hält mit der rechten Hand, deren Arm auf die Stuhllehne gestützt ist, seine Pfeife; der andere, der einen aufgestülpten Hut am Kopfe hat, sitzt dem ersteren zur rechten Hand auf einer niedern Bank und stützt den linken Arm, mit dessen Hand er die Pfeife hält, auf seine Knie. Zur linken Seite des Blattes steht gegen rechts gewendet die Wirthin und schenkt aus einem Kruge in ein Glas ein. Ihr zur Seite liegt ein Besen auf den Stufen und hinter ihr im Eingange des Hauses steht ein Kind. Im Hintergrunde, an der Seite eines Weibes, das Krug und Glas in Händen hält, sitzt ein Mann vor einem Fasse, das beiden zum Tische dient und zündet seine Pfeife am Kohlenfeuer an. Hinter ihnen am Weinstocke bemerkt man einen pissenden Mann, der sich nach dem Paare umsieht.

Rechts unten innerhalb der Randlinie stehen die Worte: *A. V. Ostade pinxit. J. Suyderhoef fecit*
Dieses Blatt ist auch unter dem Namen „Der grosse Besen" bekannt.

Höhe 15", Breite 13" 1'''.

I. Vor den Künstlernamen (*v. d. Dussen* und *Ploos van Amstel*).
II. Vor der Adresse, nur mit den beiden Künstlernamen.
III. Mit der Adresse von *C. de Jonghe*.
IV. Mit der Adresse *Leon Schenk Excudit*. links unten ausserhalb des Stichrandes.

Galt in der Auction *Verstolk van Soelen* 1851 im I. Stande 100 holl. Gulden.

Das Originalgemälde bei *Braamcamp* und 1810 im Auctionskatalog von *Walsh Porter*, wo es 260 Guineen galt.

125. Der alte Sänger am Fenster.

In einem gekuppelten Fenster, an dessen oberen Ende sich von links gegen die Mitte zu eine Weinrebe hinzieht, sieht man zur Linken einen alten Mann, welcher singt, und mit beiden Händen ein Blatt Papier haltend, eifrig in dasselbe blickt, und zur Rechten einen jungen Mann mit flacher Mütze, der, mit der linken Hand die brennende Kerze haltend, ihm dazu leuchtet. Mit der rechten Hand verdeckt er das Licht, um von demselben nicht geblendet zu werden. Hinter dem Singenden steht ein alter Mann, der sich mit der Linken am Fensterkreuze anhält. Rechts hinter dem jungen Manne sieht man im Dunkel der Fenstervertiefung die Gesichter zweier Männer. Oberhalb des Fensterkreuzes hängt ein Krug und ein grosser Löffel. Am obern Theile des Blattes gewahrt man in der Mitte einen geschlossenen Fensterladen und rechts und links den Anker einer Mauerschliesse. Die Beleuchtung geht von der Kerze aus und ist höchst effektvoll.

Im Unterrande steht ein achtzeiliges lateinisches Gedicht in zwei Absätzen, welches mit den Worten: *Non mea facrilegi populabunt* beginnt und mit: *Vicino lumen fuppeditante, canens*. endigt. Darunter links: *A. van Ostade delini*: in der Mitte: *Clement de Jonge excudit*. rechts das Wort *Solidé*. Ohne Namen des Stechers.

Höhe 11" 5''', Breite 7" 8'''.

I. Der beschriebene mit der Adresse *Clement de Jonge*.
II. Diese Adresse ist herausgenommen und durch jene von *Frans Carelfe excudit* ersetzt.

126. Der junge Sänger am Fenster.

An einem Fenster mit einem hölzernen starken Fensterkreuze sind sieben Personen versammelt. Alle haben ihre Kopfbedeckung auf. Das Fenster ist offen und nur der obere linke Flügel geschlossen. Links bemerkt man einen Mann, der aus einem Blatt Papier etwas herabliest oder singt. Rechts sind mehrere Männer, von denen drei ausgesprochene Judenphysiognomien haben. Einer davon hängt an dem Fensterkreuze, biegt sich etwas vor und leuchtet über die Köpfe der Andern hinweg dem Sänger mit einer brennenden Kerze.

Im Unterrande stehen acht lateinische Verse in zwei Absätzen. Sie beginnen mit den Worten: *Mopso Nifa data eſt* und endigen mit: *tua forma placet*. Darunter links: *A. van Oſtade delini.* in der Mitte: *Frans Carelſe excudit*, rechts: Solide Ohne Namen des Stechers.

Höhe 11" 5''', Breite 7" 9'''.

Nagler erwähnt dieses Blattes unter Nummer 112 seines Verzeichnisses. Es ist ein Seitenstück des vorhergehenden.

I. Mit der Adresse *Clement de Jonge excudit*.

Obgleich es mir nicht gelang, einen Abdruck mit dieser Adresse zu Gesicht zu bekommen, oder denselben irgendwo erwähnt zu finden, nahm ich das Bestehen dieses früheren Standes nach der Analogie und bei dem Umstande, dass beide Blätter No. 125 und 126 Seitenstücke sind, dennoch unbedenklich an.

II. Mit der Adresse *Frans Carelſe excudit* an der Stelle der obigen.

127. Der Messerkampf.

In einer Schenke, wo im Ganzen acht Personen versammelt sind, sieht man zwei Bauern, die wahrscheinlich des Spieles wegen in Streit gerathen sind. Beide haben bereits die Messer gezogen, um übereinander herzufallen. Der eine, der einen hohen spitzigen Filzhut auf hat und noch am Tische sitzt, aber eben im Begriffe ist aufzuspringen, um auf den Gegner loszustürzen, wird von einem Manne zurückgehalten, der ihm in die Arme fällt. An eben dem Tische gewahrt man noch einen sitzenden Mann, der mit der rechten Hand ein volles Glas hält und mit den linken Arm gleichsam beschwichtigend in die Höhe hebt; sodann zwischen beiden rückwärts ein Weib, in deren Gesicht sich Angst und Schrecken malen. Seitwärts dieser Gruppe zur linken Seite des Blattes sieht man den andern Bauer anscheinend in nicht ganz nüchternem Zustande, der in der linken Hand das Messer hält, während sein Weib sich schreiend an seinen rechten Arm anklammert und ihn mit aller Gewalt zurückzuhalten sucht. Unter dem Tische steckt ein Hund, der sich dahin geflüchtet hat. Im Vorgrunde zur rechten Seite des Blattes steht mit dem Rücken gegen den Beschauer gewendet ein kleines Mädchen, das sich an eine Bank lehnt und die linke Hand gegen die Gruppe der Streitenden ausstreckt. Am Kamine endlich bemerkt man einen alten Mann, der von seinem Sessel sich erhebt und mit der linken Hand die Feuerzange ergreift, um so bewaffnet den Streit beilegen zu helfen. Im Hintergrunde sieht man die geöffnete Kellerthüre und darüber die Stiege, die auf den Boden führt. Der eine der obern Flügel des an der rechten Wand befindlichen Fensters ist geöffnet und ein Tuch zur Oeffnung hinausgehängt. An der Zimmerdecke hängt ein geflochtener Käfig in Korbform und unfern des Kaminmantels an einem Stricke verschiedene alte Wäsche. Am Boden der Stube liegen mehrere Kartenblätter, auch sieht man einen Krug.

Im Unterrande liest man, links: *A. Ostaden pinxit.* und in der Mitte: *J. Suyderhoef sculpsit.*

Höhe 16" 7''', Breite 13" 11'''.

I. Vor vielen Ueberarbeitungen und Abänderungen vorzüglich an den Beinen von drei Figuren, hier sind sie mit Strichlagen und Gegenstrichen ganz von der Arbeit wie das Uebrige im Blatte gedeckt, wo dagegen in spätern diese herausgenommen und mit einfachen Strichen, ausser in den Schatten, gemacht worden sind, und vor der Adresse des *Clement de Jonghe*. Der Plattenrand ist nicht gereinigt.
II. Mit den angegebenen Ueberarbeitungen, ebenfalls vor der Adresse von *Clement de Jonghe*.
III. Mit den weissen Streifen oben an den Planken der Treppe und mit der Adresse von *Clement de Jonghe*, unten rechts.
IV. Mit der Adresse *F. de Wit excudit.* unten rechts.
V. Derselbe kommt im Katalog *Verstolk* vor, wird jedoch nicht näher beschrieben.

Das Exemplar des Cabinets *Verstolk* im ersten Stande ging 1851 bei der Versteigerung um 100 holl. Gulden weg. Die k. k. Hofbibliothek besitzt ein Exemplar dieses Standes in glänzendem Druck mit schmalem Papierrand, bezeichnet *F. Gawet* 1788 und aus seiner Sammlung. Von gleicher Vortrefflichkeit ist auch das herrliche Exemplar der *Albertina*. Weitere Verkaufspreise dieses Blattes waren 1758 bei *Caucicault* 75 Liv.; — 1778 bei *Servat* im ersten Stande 220 Liv., im zweiten Stande 48 Liv.

Das Originalgemälde in der Münchner Pinakothek und eine Wiederholung bekannt unter dem Namen *Snic and Snec* in England.

128. Der Tanz,
genannt der Ball.

In einer Schenke, wo in der Mitte der Rückwand ein grosses Fenster, links in der Ecke der zur Schlafstelle bestimmte verschalte Raum mit einem darüber befindlichen Verschlage und rechts ein Stück des mit Speckseiten wohl garnirten Kamins sichtbar ist und der es an allerhand in der malerischesten Unordnung bunt durcheinander liegender Geräthschaften und Einrichtungsstücken einer holländischen Bauernstube nicht fehlt, sieht man eine Gesellschaft von dreizehn Personen versammelt, deren grösserer Theil mit Wohlgefallen dem Tanze eines Paares zusieht, wozu der Geiger, der zur linken Seite des Blattes unfern der geöffneten Kellerthüre auf einem erhöhten Sessel sitzt, eine lustige Weise aufspielt und sie mit seinem Gesange begleitet, in den mehrere der Anwesenden mit einstimmen. Bei dem Kamine ist eine Alte irgendwie beschäftigt, und rechts im Vordergrunde bemerkt man einen Hund, der an einer Bratpfanne leckt.

Im Unterrande liest man links: *A. Ostaden pinxit.* in der Mitte: *J. Suyderhoef fculpfit* und rechts: *P. Goos excudit.*

Höhe 16" 9''', Breite 14" 1'''.

I. Mit der Adresse *P. Goos excudit.*
II. Mit der Adresse *Justus Danckerts excudit.*
III. Mit der Adresse *Justus Danckerts excudit.* und dem Beisatze *Cum Privel: Ordin: Hollandiæ et Weft-Frifiæ.* In diesem Stande ist das Blatt nur 13" 11''' breit, somit um 2 Linien schmäler, auch ist es retouchirt.

Ein Abdruck des II. Standes galt bei *Verstolk* im Jahre 1851 22 holl. Gulden.

Das Originalgemälde in der Münchner Pinakothek.

129. Die Löwenjagd.

In der Mitte des Blattes sitzt auf einem kräftigen, sich hoch bäumenden Rosse ein Araber, den ein Löwe mit einem Satze rücklings vom Pferde reisst. Mit den Vordertatzen hat er den entsetzten Reiter bei Kopf und Brust gefasst und beisst ihn wüthend in die Achsel. Sein Gefährte, der eine Rüstung trägt, sprengt, von einem zweiten gefolgt, herbei und führt mit seinem Säbel einen kräftigen Hieb seitwärts nach dem Löwen, während der andere, der gleichfalls gerüstet ist, seinen Spiess nach dem wüthenden Thiere schleudert. Vor diesen zwei Reitern, welche die linke Seite des Blattes einnehmen, liegt ein Leopard von zwei

Lanzen durchbohrt todt auf der Erde und hinter demselben sieht man eine Löwin, die grimmig nach den Reitern sich umblickend, ihr Junges im Rachen davonträgt. Auf der rechten Seite des Blattes liegt ein Mann verzweiflungsvoll aufblickend am Boden, während ihn ein Löwe, dem er das tödtende Eisen in die Seite gestossen hat, mit der rechten Tatze niederhält. Ein Araber mit dem Turban von rückwärts zu sehen, dessen Pferd nach dem Löwen ausschlägt, wendet sich eben um und stösst mit dem Spiesse nach dem Raubthiere. Im Hintergrunde rechts bemerkt man einen Reiter in Vorderansicht, der zur Hilfe herbeisprengt, er hat keine Kopfbedeckung und schützt sich mit dem vorgehaltenen Schilde.

Im Unterrande steht in zwei Zeilen die Unterschrift: *In adfectus et Venerationis Pignus Idoneum leoninam Venationem Judoco Van der Graft Cognato Suo Mathematicæ artis cultori | P. Soutman Editor. D. D. D.* Darunter links die Worte: *P. P. Rubens Pinxit I. Syderhoef Sculpsit* rechts: *Cum Privil. Sa. Cæ. M.* und darunter: *P. Soutman Excud.*

Höhe 16" 10''', Breite 21" 6'''.

Dieses Blatt gehört zur Folge der Rubens'schen Jagden, ist aber in gutem Drucke schwer zu finden. Die ersten Drücke sind von grosser Wirkung und haben keine Randlinie. Es wurde erstanden i. J. 1773 bei der Versteigerung der Sammlung *Malenfant* mit 62 Liv.; — 1775 bei *Mariette* mit 120 Liv.; — 1778 bei *Servat* mit 195 Liv.; — 1779 bei *De Péters* mit 178 Liv.; — bei *Claude Drevet* mit 69 Liv. 19 S.

Das Originalgemälde in der Dresdner Gallerie.

130. Der Gebirgsweg.

Das Blatt stellt einen felsigen Gebirgsweg vor, an dessen linker Seite man zwei mächtige Tannen erblickt, deren Gipfel beinahe bis an den Plattenrand reichen und deren eine, vom Sturme gebeugt, sich auf die rechte Seite dem Wege zu neigt. Im Vordergrunde bemerkt man einen Ochsen, eine Kuh, zwei Schafe und einen Bock, die ihr Führer, ein zerlumpter Hirtenjunge ohne Kopfbedeckung, zur Tränke an ein Wasser getrieben hat, das sich knapp am Wege in einer Vertiefung gesammelt hat. Ein Hund pisst rechts am Wege an ein Felsstück und scheint einen Mann in's Auge gefasst zu haben, der in Hut und Mantel herankommt, und hinter seinem beladenen Esel einhergeht.

Im Unterrande liest man links: *Berghem pinxit* in der Mitte: *J. Suyderhoef fculpfit* und rechts: *P. Goos excudit*.

Höhe 16" 6''', Breite 13" 10'''.

I. Mit der Adresse *P. Goos excudit.*

II. Die Adresse P. *Goos* ist herausgenommen und durch die Worte *Leon Schenk excudit* ersetzt.

Nagler nennt dieses Blatt „die Rückkehr vom Felde", *R. Weigel* „die Landschaft mit der heimkehrenden Heerde."

Anmerkungen.

1.

Soutman's grosses Portrait-Werk erschien in Holland in seinem Verlage. Die erste Ausgabe trägt seinen Namen als Verleger und die Jahrszahl 1644, die spätere jenen des *F. de Wit*.
Es zerfällt in vier Abtheilungen oder Folgen, nämlich:
a. *Imperatores domus austriacae*,
b. *Ferdinandus II et III*,
c. *Duces Burgundiae* und
d. *Comites Nassaviae*.

a. Imperatores domus austriacae.

Diese Folge hat folgenden in roth und schwarz gedruckten Titel, der eigentlich Haupttitel des ganzen Sammelwerkes ist:
EFFIGIES | IMPERATORVM DOMVS AVSTRIACÆ | DVCVM | BVRGVNDIÆ, | REGVM PRINCIPVMQVE EVROPÆ, | COMITVM NASSAVIÆ, | ALIARVMQVE PLVRIMARVM CLARISSIMARVM | TAM STIRPIS NOBILITATE, VITÆ SANCTITATE, | ET | INGENII SVBTILITATE; | QVAM | BELLICA VIRTVTE | IN | EVROPA PERSONARVM; | A | PETRO SOVTMANNO HARLEMENSI, | PICTORE QVONDAM | SIGISMVNDI III. | POLONORVM REGIS | POTENTISSIMI, | COLLECTÆ, DELINEATÆ, EIVSQVE SVMPTIBVS | AC | DIRECTIONE | A | VARIIS SCVLPTORIBVS | OMNES | ÆRI INCISÆ, ET EXCVSÆ | HARLEMI | APVD | HOLLANDOS,

Dann folgt ein gestochenes Blatt Dedication. Dieselbe beginnt mit den Worten: IMPERATOR AVGVSTISSIME, | MAIORES EOS AD ABAM u. s. w. Am Schlusse: *P. Soutman Inuenit, Effigiauit, et Excud. Cum Priuil.* | 1644.

Die Reihenfolge der Portraits ist folgende:
I. Rudolphus I. Van Sompel sculp.
II. Albertus I. Van Sompel sc.
III. Fridericus III. J. Suyderhoef sc.
IV. Albertus II. J. Suyderhoef sc.
V. Fridericus IV. Van Sompel sc.

VI. Maximilianus I. Van Sompel sc.
VII. Carolus V. Van Sompel sc.
VIII. Ferdinandus I. Van Sompel sc.
IX. Maximilianus II. Van Sompel sc.
X. Rudolphus II. Van Sompel sc.
XI. Mathias I. Van Sompel sc.
XII. Ferdinandus II. Van Sompel sc.
XIII. Ferdinandus III. Van Sompel sc.

Die Nummern I—XIII der Blätter befinden sich in der Mitte oberhalb der Unterschriften.

Die ersten Abdrücke haben die Jahrszahl 1644 und *Soutman's* Adresse, die spätern jene des *F. de Wit.*

b. Ferdinandus II et III.

Diese Folge hat den gedruckten Titel:
FERDINANDVS | II^{vs}. ET III^{vs}. | IMPERATORVM DOMVS AVSTRIACÆ POTENTISSIMI; | CVM | ELEONORA MANTVANA; | ET | MARIA BVRGVNDIACA; | ILLVSTRISSIMIS | IPSORVM | VXORIBVS; | NEC NON ET VARII EVROPÆ REGES, DVCES, ET | PRINCIPES, | ET ALIQVOT FAMOSI BELLI | GVBERNATORES: | OMNES ÆRI INCISI, | AVCTORE AC DIRECTORE P. SOVTMANNO | HARLEMENSI, | PICTORE QVONDAM | REGIO.

Die Reihenfolge der Blätter ist folgende:
1. *Ferdinandus II.* Van Sompel sc.
2. *Eleonora Ferdinandi uxor.* Van Sompel sc.
3. *Ferdinandus III.* J. Suyderhoef sc.
4. *Maria Ferdinandi III uxor.* J. Louys sc.
5. *Maria conjux Henrici IV Galliarum regis.* Van Sompel sc.
6. *Ludovicus XIII Galliarum rex.* J. Louys sc.
7. *Anna Ludovici XIII Galliarum regis uxor.* J. Louys sc.
8. *Sigismundus III Poloniæ rex.* J. Suyderhoef sc.
9. *Wladislaus VI Poloniæ rex.* J. Suyderhoef sc.
10. *Carolus I Magnae Britanniæ rex.* J. Suyderhoef sc.
11. *Henrietta Maria Caroli I M. Britan. regis uxor.* J. Suyderhoef sc.
12. *Albertus archidux Austriæ.* J. Suyderhoef sc.
13. *Isabella Clara Eugenia conjux Alberti.* J. Suyderhoef sc.
14. *Isabella Clara Eugenia conjux Alberti.* P. van Sompel sc.
15. *Ferdinandus Philippi IV frater.* P. van Sompel sc.
16. *Maximilianus archidux Austriæ.* J. Suyderhoef sc.
17. *Gasto Joannes dux Aurelianensis.* P. van Sompel sc.
18. *Margarita conjux Gastonis ducis Aurelianensis.* P. v. Sompel sc.
19. *Franciscus Thomas de Savoia.* J. Louys sc.
20. *Ambrosius Spinola.* J. Louys sc.

21. *Franciscus de Moncada. J. Suyderhoef sc.*
22. *Joannes comes Nassoviae. J. Suyderhoef sc.*

I. Vor der Nummer.
II. Mit der Nummer.

c. Duces Burgundiae.

Diese Folge hat den Titel:
DVCES BVRGVNDIÆ | NOBILISSIMI, PIISSIMI, AC POTENTISSIMI, | VSQVE AD | PHILIPPVM IIII^{vm}. HISPANIARVM, | AC | INDIARVM, &C. MONARCHAM CVM | MARIA MAXIMILIANI AVSTRAICI, | ET JOANNA PHILIPPI | PVLCHRI, AC ELISABETHA | PHILIPPI | IIII^{ti}. | CONIVGE | NOBILISSIMA, | OMNES ÆRI INCISI. | AVCTORE AC DIRECTORE P. SOVTMANNO | HARLEMENSI, | PICTORE QVONDAM | REGIO.

Die Reihenfolge der Blätter ist nachstehende:
1. *Philippus dictus Audax. P. van Sompel sc.*
2. *Joannes dictus Intrepidus. J. Suyderhoef sc.*
3. *Philippus dictus Bonus. J. Louys sc.*
4. *Carolus dictus Bellicosus. J. Suyderhoef sc.*
5. *Maximilianus imperator. J. Suyderhoef sc.*
6. *Maria conjux Maximiliani. J. Suyderhoef sc.*
7. *Johanna uxor Philippi I. J. Suyderhoef sc.*
8. *Philippus I Pulcher. J. Suyderhoef sc.*
9. *Carolus V imperator. J. Suyderhoef sc.*
10. *Philippus II Hispaniarum rex. J. Suyderhoef sc.*
11. *Philippus III Hispaniarum rex. J. Suyderhoef sc.*
12. *Philippus IV Hispaniarum rex. J. Louys sc.*
13. *Elisabetha Philippi IV^{ti} uxor. J. Louys sc.*

I. Vor der Nummer.
II. Mit der Nummer.
III. Die Nummer ist herausgenommen.

d. Comites Nassaviae.

Diese Folge hat ein gestochenes Dedicationsblatt. Unterhalb des Nassauischen Wappens steht auf einem Postamente die Widmung selbst mit folgenden Worten:
CELSISSIMO PRINCIPI | FREDERICO HENRICO | PRINCIPI ARAVSIONENSIVM, COMITI NASSAVIO, | FOEDERATORVM BELGARVM GVBERNATORI, ET | VTRIVSQVE EORVMDVM MILITIÆ IMPERATORI | PIO, FELICI, INVICTO, | DOMI MILITIÆQVE LAVDATISSIMOS MAIORES SVOS | PRÆSERTIM GVILIELMVM PATREM, ET MAVRITIV FRATREM | AVGVSTISSIMÆ REIP. DVCES, ICONIBVS HISCE EXPRESSOS | DEDICAT PETRVS SOVTMAN.

Unter diesem Postamente die Worte:
- *P. Soutman Inuen. Effigiavit et Excud. Cum Privil.*

Die Reihe der Blätter ist folgende:
1. *Adolphus Nassavius Rom. imp.* Van Sompel sc.
2. *Henricus comes Nassavius.* Van Sompel sc.
3. *Renatus Nassavius.* J. Suyderhoef sc.
4. *Guilielmus Nassavius.* J. Suyderhoef sc.
5. *Philippus Nassavius.* Van Sompel sc.
6. *Maritius Nassavius.* J. Suyderhoef sc.
7. *Fridericus Henricus Nassavius.* J. Suyderhoef sc.
8. *Amalia de Solms princ. auriaca.* J. Suyderhoef sc.
9. *Guilielmus Nassavius.* J. Suyderhoef sc.
10. *Augusta Maria Caroli M. Brit. regis filia.* J. Suyderhoef sc. 1643.

Die ersten Drucke haben keine Nummern, die späteren haben die Nummer in der Mitte unterhalb der Unterschrift.

2.

Theatrum europaeum. Frankfurt a. M. 1643—1652. Theil VI. S. 455—458.

Mit viel bessern Success seynd inmittelst die Spanischen vnd Holländischen Friedens-Tractaten zu Münster fortgegangen. Dann nachdem es zwischen beyden Theilen dahin vnd soweit gekommen, dass solcher Friede geschlossen die Feindthätlichkeiten allerdings eingestellt, hingegen ins künfftige gute Freund vnd Nachbarschafft zu halten beliebet; seynd darauff von beiderseits hochansehnlichen Herren *Legatis* grosse Banquetten, nebenst andern Frölichkeiten in Comödien vnd Balletten angestellt worden.

Soviel vns aber von diesem Werck wissend, so ist sothaner Friedens-Schluss vorgangen den 30 Januari, vnsers vorhabenden 1648 Jahrs, und zwar Nachts zwischen 10 vnd 11 vhren, nach vngefähr sechsstündiger Conferenz in der Herren General Staaten Abgesandten Losament allwo die Vnterzeichnung mit besondern Frewden geschehen, vnangesehen dessen, was die Cron Frankreich durch dero Abgesandten den *Monsieur Toullerie,* im Haag darwider anbringen vnd begehren lassen, ... Gleichwie aber die Provinz Seeland wider diesen mit Spanien geschlossenen Frieden ziemlich protestirt ... Also haben wir mit Briefflichen Vrkunden zu belegen, dass die Innwohner zu Mittelburg in 1000 starck sich vorm Rathhauss versamblet vnd den Abgesandten Herrn Knuyt, der sich noch, wiewol schwerlich, mit dem Leben salvirt haben wollen; wie dann die *Plenipotentiarii* von Holland vnd Vtrecht gleichfalls angefangen, Schmäh- vnnd andere gefährliche Schrifften gegeneinander zu wechseln.

Diesem Vbel nun in zeiten zu begegnen, haben sich im Monate *Aprili* (?), von allen 7 Provinzen, als von Holland, Ost vnnd West-Frissland, Gröningen, Geldern, Vtrecht vnnd Seeland Deputirte im Haag eingefunden, vnd weil sie desswegen Tag vnd Nacht zu Rath gingen, das Werck so weit gebracht, dass mehrgedachter Frieden von den sämptlichen Herren General Staaten der vereinigten Niederlanden approbiret, vnd demnach ratificirt worden.

Dass aber solches geschehen, hat darzu nicht wenig Vrsach gegeben, weil Freytags den 10. 20 Martii, Morgens vmb 8 Vhr, ein *Extraordinarius* auss Spanien zu Brüssel ankommen, welcher die Ratification S. Mayest. von Spanien über den mit den Holländern geschlossenen Frieden mitgebracht; der denn auch gleich nach zweyen Stunden durch dess Herrn Ertzherzogs Leopold Wilhelm Hochfürstl. Durchl. nach Munster fortgeschickt worden.

Sonntags den 12. 22 *ejusdem*, ist erwehnte königl. Spanische Ratification, vnter Ihr Königl. Mayest. Hand vnd Siegel, in ainer güldenen *capsul* oder Büchsen, von geschlagenen klaren massivischen Gold verwahrt, vnd an drey güldenen Ketten hangend, dem Königl. *Plenipotentiario*, Herrn Grafen *de Peneranda*, zu Münster originaliter zukommen. Nachdem nun solche nachmals den Herren Staaten eingeliefert, am 1 Aprilis eröffnet, vnd demnach auch von jener Seiten mit Ausfertigung der Staatischen Ratification alles zurecht gebracht worden; hat sichs begeben, dass Donnerstags den 4. 14 May, ohne Wissenschaft vnd Vermuthung aller Menschen, Ihre Exc. *Conte de Peneranda*, wegen Ihrer Königl. Mayest. in Spanien etc. vnd die Herren Deputirte Staatische Gener. wegen Niederland dero Secretarien vmb 9 vhr Vormittags an den Herrn Bürgermeister zu Münster gesandt, vmb selbiges Rathhauss, zu besichtigen vnd nach dem Augenschein alsobalden begehrt, selbiges inner dem folgenden Tag ausszurüsten, Ihre Herren *Principales* wären entschlossen den Schluss des lieben Friedens zu machen, vnd die *Ratificationes* beederseits ausszuwechslen, worauf dann auch alsobald selbigen Tags die Anordnung gemacht worden.

Demnach nun erfolgten Freytag den 5. 15 May Vormittags vmb 10 vhr, die Gesandten der Hochm. Herren General-Staaten mit 4 Carossen, deren zwo mit 6. die andern mit 4 Pferden bespannt gewesen, durch die Münsterische Bürgerschafft von ihren Losamentern nach vermeldten Rathhauss begleitet, vnd daselbst durch Bürgermeister vnd Rath der Statt mit grosser Ehrenbhietung empfangen worden; Ist Ihnen kurtz hernach Ihre Exc. Herr Graff *de Peneranda* gefolgt bey sich habende 5 schöne Carossen, in welcher letzten, die gantz vnd gar sampt den Rädern vergüldet war, Er selbst gesessen. Vmb Ihne Herrn Grafen, giengen seine

Pagen vnd Laqueyen in grosser Anzahl: vorhero aber ritten dessen Edelleute vnnd die Garde, in Arquebusirn vnd Hellebardiern bestehendt.

Als man ans Rathhauss kommen, wurden Ihre Excell. auff gleiche *maniere*, wie den Herren Staatischen beschehen vom Magistrat bewillkommt, vnd auff dem darzu bereiteten Saal zu den Staatischen begleitet. Mitten in demselben stunde eine runde Tafel, über derselben lag eine grün-Sammate Decke vnd waren die daherumb stehende Stühle auff gleiche weiss aussgrüstet. Nachdem derhalben S. Exc. Herr Graff *de Peneranda*, vnd H. Doctor Antonius Bruye sich nieder, vnd ingleichen die Herren Staatischen *Ambassadeurs*, sich gegenüber gesetzt hat alsobalden erstbesagter Herr Bruye eine bewegliche Oration in Lateinischer Sprach gethan; die der Herr Präsident der Staatischen in gleicher Zunge beantwortet. Hiernechst wurden die *Ratificationes*, in Spanisch- vnd Niederländischer Sprachen, offentlich abgelesen vnd nach solcher Verrichtung der Hochm. Herren Staaten Ratification (woran ein grosses Siegel hienge, in einem Roth-Sammaten Kistlein mit Silber beschlagen) dem Herrn Graffen *de Peneranda* eingehändigt hingegen von demselben die Königl. Spanische Ratification (welche in ein Buch so mit rothem Sammat überzogen vnd vergüldet aussgefertiget daran ein gross in Gold gefasstes Siegel) den Staatischen überliefert: wornach die Herren *Ambassadeurs* beyderseits auffgestanden vnnd als dem Herrn Grafen *de Peneranda* durch seine Geistliche das *Missal*-Buch in Sammat gebunden, vnd mit Silber beschlagen vorgelegt, auch das Crucifix von Ihme mit 2 Fingern berührt worden; haben samptliche sowol Staatisch- als Spanische, 2 Finger auffgerichtet, vnd solchen Frieden also mit einem theuern Eyd bevestigt; welches S. Exc. Herr Graff *de Peneranda* vnd Herr Bruye in Spanischer, die Herren Staatischen aber in Französischer Sprach, zu Gott vnd dem H. Evangelio verrichtet.

Diss alles geschahe offentlich vor Jederman, vnd vmbfienge vielmehr hochgedachter Herr Graff *de Peneranda* die Staatischen Herren *Ambassadeurs* einen nach dem andern mit grosser Reverentz vnd Ehrerbietung, vnd gab also einer dem andern sehr freund- vnd gantz beweglich den Kuss dess Friedens. Nach welchen freudenreichen, vnd zu sehen merckwürdigen Ceremonien auff dem Marckt von den Bürgern vnd Soldaten auss Mussqueten, von den Wällen aber auss den Canonen *Salvi* geschossen vnd demnach Herr Graff *de Peneranda* erstlich vnd weiters auch die Staatischen Herrn Botschafter durch die Bürgerschafft vnter vielen Freudenschiessen nach ihren Quartieren begleitet worden.

Register.

Aart van Leyden. 1.
Aken, C. van. 2.
Albert II. deutscher Kaiser. 3.
Albert Erzherzog von Oesterreich. 4.
Alte, Die. 118.
Amalia von Solms. 5.
Ampsing, Samuel. 6.
Amsterdam, Die vier Bürgermeister von. 102.
April. 112.
August. 115.
Augusta Maria Tochter Königs Carl I. von England. 7.

Bachus, Der trunkene. 108.
Ball, Der. 128.
Bartholinus, Thomas. 8.
Bauern, Raufende. 127.
Bauern vor der Schenke, Die. 124.
Beeckerts van Thienen, Adrian. 9.
Beenius, Johann. 10.
Besen, Der grosse. 124.
Beyma, Julius. 11.
Bloemoert, Augustin. 12.
Bodding van Laar, Niclas. 13.
Boxhorn, Marcus Zuerius. 14.
Bretspieler, Die. 123.
Bürgermeister von Amsterdam, Die vier. 102.
Burgund, Herzoge von
 a. Carl der Kühne. 17.
 b. Johann der Unerschrockene. 41.
 c. Philipp der Schöne. 63.

Carl V. deutscher Kaiser. 15.
Carl I. König von England. 16.
Carl der Kühne Herzog von Burgund. 17.
Chambre, Jean de la. 18.
Christi Grablegung. 107.
Clara Eugenia Isabella Infantin von Spanien. 44.
Clauberg, Johann. 19.
Coccejus, Johann. 20.
Cock, Johann. 20.
Crucius, Jacob. 21.

De-Dieu, Ludwig. 22.

Descartes, Renatus. 23.
Dieu, Ludwig De- 22.

Empereur ab Oppyck, Constantin I.'. 24.
Engel, Sturz der gefallenen. 104.
England
 a. Augusta Maria. Prinzessin. 7.
 b. Carl I., König. 16.
 c. Henriette Marie. Königin. 36.
Eugenia Isabella Clara. Infantin von Spanien. 44.

Familie des Satyr, Die. 110.
Feld, Rückkehr vom. 130.
Ferdinand III. deutscher Kaiser. 25. 26.
Friedensschluss zu Münster, Der. 103.
Friedrich III. deutscher Kaiser. 27.
Friedrich Heinrich von Nassau. 28.

Gebirgsweg, Der. 130.
Geiger, Der. 121.
Gevatterinnen, Die drei. 120.
Glarges, Gillis de. 29.
Goltzius, Heinrich. 30.
Grablegung Christi, Die. 107.

Haslang, Georg Christoph Baron von. 31.
Heerde, Heimkehrende. 130.
Heereboord, Adrian. 32. 33.
Hegger, Rudolph. 34.
Heimkehr der Heerde. 130.
Heinsius, Daniel. 35.
Henrietta Maria Königin von England. 36.
Herman, Franz. 37.
Heydan, Abraham. 38.
Hölle, Die. 105.
Holleheeck, Jacob. 39.
Hoornbeeck, Johann. 40.

Jagd auf Löwen. 129.
Jan de Moff. 121.
Johann der Unerschrockene. Herzog von Burgund. 41.
Johann von Nassau. 42.

6*

Johanna Gemahlin Philipp I. von Spanien. 43.
Isabella Clara Eugenia Infantin von Spanien. 44.
Jungfrau, Die heilige. 106.
Juni. 114.

Kerckhove, Johann Polyander van den. 45.
Keyser, Hendrick de. 46.
Kniiff, Johann. 47.
Koets, Johann. 48.
Kühne, Carl der. Herzog von Burgund. 17.
Kyper, Albert. 49.

Laar, Niclas Bodding van. 13.
Laccher, Peter. 50.
Landschaft mit der heimkehrenden Heerde. 130.
L'Empereur ab Oppyck, Constantin. 24.
Leyden, Aart van. 1.
Löwenjagd, Die. 129.

Maestertius, Jacob. 51.
Mai. 113.
Maria, Die heilige. 106.
Maria. Kaiserin. 52.
Maximilian I. deutscher Kaiser. 53.
Maximilian Erzherzog von Oesterreich. 54.
Messerkampf, Der. 127.
Messerstich, Der. 122.
Mey, Johann de. 55.
Mez, Zacharias de. 56.
Moff, Jan de. 121.
Moncada, Franz. 57.
Moritz von Nassau. 58.
Münster, Der Friedensschluss zu. 103.

Nacht, Die. 111.
Nassau, Grafen von
 a. Friedrich Heinrich. 28.
 b. Johann. 42.
 c. Moritz. 58.
 d. Renatus. 70.
 e. Wilhelm. 98. 99.
Neuhus, Edo. 59.
Neuhus, Reiner. 60.
Nuyts, David. 61.
Nuyts, Magdalena. 62.

Oesterreich, Erzherzoge von
 a. Albert. 4.
 b. Maximilian. 54.
Oppyck, Constantin l'Empereur ab. 24.
Osnabrück, Franz Wilhelm Bischof von. 95.

Parzen, die holländischen. 120.
Peeckelhaering, Monsieur. 117.
Philipp II. König von Spanien. 64.
Philipp III. König von Spanien. 65.
Philipp I. der Schöne, Herzog von Burgund. 63.
Piccolomini, Octavio. 66.
Plante, Franz. 67.
Polen, Könige von
 a. Sigmund III. 81.
 b. Wladislaw VI. 101.
Polyander van den Kerckhove, Joh. 45.
Portrait, unbekanntes. 101b.
 —   —   siehe Bodding.
Post, Franz. 68.

Raucher, Der. 116.
Rede, Godard van. 69.
Renatus von Nassau. 70.
Reves, Jacob de. 71.
Rivet, Andreas. 72.
Rouberg, Johann van. 73.
Rückkehr vom Felde. 130.

Sänger, Der alte. 125.
Sänger, Der junge. 126.
Salmasia, Claudius. 74. 75.
Satyr, Die Familie des. 110.
Schade, Johann. 76.
Schöne, Philipp der. Herzog von Burgund. 63.
Scholletje, Het zoute. 118.
Schrevel, Theodor. 77.
Schurmann, Anna Maria von. 78.
Sibel, Caspar. 79. 80.
Sigmund III. König von Polen. 81.
Silen, Der trunkene. 109.
Smaltius, Noach. 82.
Soldaten, Raufende. 122.
Solms, Amalia von. 5.
Spanheim, Friedrich. 83.
Spanien
 a. Johanna, Königin. 43.
 b. Isabella Clara Eugenia, Infantin. 44.
 c. Philipp II. König. 64.
 d. Philipp III. König. 65.
Sturz der gefallenen Engel, Der. 104.
Swalm, Eleazar. 84. 85. 86.

Tanz, Der. 128.
Teelinck, Maximilian. 87.
Tegularius. 88.
Thienen, Adrian Beeckerts van. 9.
Tric-trac-Spieler. 123.
Trigland, Cornelius. 89.
Trinker, Der. 119.
Tromp, Martin van. 90.

Unerschrockene, Johann der. 'Herzog von Burgund. 41.
Van Aken, C. 2.
Van Laar, Niclas Bodding. 13.
Verkeerbordspelders, De. 123.
Victor, Conrad. 91.
Visscher, Adolph. 92.
Voets, Gisbert. 93.
Vrechemius, J. 94.

Wartenberg, Franz Wilhelm Graf v. 95
Wassenaer, Johann Jacob von. 96.
Weiber, Die drei. 120.
Wikenburg. 97.
Wilhelm von Nassau. 98. 99.
Winsem, Peter. 100.
Wirthin mit dem Kruge, Die. 124.
Wladislaw VI. König von Polen. 101
Zuerius Boxhorn, Marcus. 14.

Schlussbemerkung.

Das unter No. 13 mit dem Namen *Niclas Bodding van Laar* vorkommende Blatt ist bisher immer als ein unbekanntes Portrait betrachtet worden und sollte demnach auch als solches beschrieben werden, doch der Umstand, dass jene Namensangabe von einer ungezweifelt echten Hand des XVII. Jahrhunderts herrühre, bewog mich dieselbe als richtig anzunehmen und es unter dem obigen Namen erscheinen zu lassen.

Berichtigung.
Auf S. 54 Zeile 13 von oben lies 80 anstatt 00.